2013

中国农业科学院农业经济与政策顾问团专家论文集

顾问团秘书处

中国农业出版社

图书在版编目（CIP）数据

2013中国农业科学院农业经济与政策顾问团专家论文集／顾问团秘书处编．—北京：中国农业出版社，2013.12

ISBN 978-7-109-18754-2

Ⅰ.①2… Ⅱ.①顾… Ⅲ.①农业经济-中国-文集②农业政策-中国-文集 Ⅳ.①F32-53

中国版本图书馆CIP数据核字（2013）第304960号

中国农业出版社出版

（北京市朝阳区农展馆北路2号）

（邮政编码 100125）

责任编辑 杨桂华

中国农业出版社印刷厂印刷 新华书店北京发行所发行

2014年2月第1版 2014年2月北京第1次印刷

开本：700mm×1000mm 1/16 印张：9

字数：115千字

定价：36.00元

编委会名单

序

为了加快农业科技创新发展，进一步提升农业农村经济与政策研究水平和决策咨询服务能力，从 2005 年 12 月起，我院聘请了一大批农业经济、农业科技和农业政策研究领域的知名专家，成立了中国农业科学院农业经济与政策顾问团（以下简称顾问团）。自顾问团成立以来，在中央有关领导的关心和支持下，在全体顾问的积极参与下，顾问团聚焦于我国农业经济与政策重大问题研究，积极建言献策，共向国务院提交政策建议及调研报告 54 篇。其中，29 篇得到中央领导批示，有些建议已被党中央、国务院采纳，部分建议被批示到中央农村工作领导小组办公室、国家发改委、财政部、农业部等部门研究落实，充分发挥了专家顾问的高层指导与决策咨询作用，为党中央、国务院制定农业政策和解决“三农”问题，为中国农业科学院科技创新，为地方经济社会发展提供了有效的咨询服务。

2013 年，顾问团继续锐意进取，紧紧围绕“三农”重大问题，强化政策调研，取得了很大成绩。在 2013 年年初举办的顾问团工作会议上，顾问团认真学习党的十八大和中央 1 号文件精神，全面总结 2012 年工作，对当前热点、难点问题展开了集中讨论，制订了 2013 年工作计划，并对顾问团秘书处进行了调整。此后，在万宝瑞团长的带领下，顾问团组织专家赴陕西、甘肃、安徽、湖北等地进行实地调研，对如何加快构建新型农业经营体系，如何利用旱作节水农业实现粮食增产，如何应对农业高成本时代的到来，如何调整我国粮食安全指标内涵和如何治理修复我国土壤污染等方面问题进行了深入系统调研，提出了许多前瞻性、创新性、实践性强的意见和建议。顾问团所办简报《判断与思考》质量不断提升，在 2013 年刊出的 10 期简报中有 5 期得到国务院领导李克强、张高丽、刘延东、汪洋等同志的重要批示。《判断与思考》已成为顾问团的一个知名品牌。

目前，大家所看到的这本论文集是 2013 年顾问团专家代表性文章，是顾问团专家一年来辛勤工作的成果总结。文章收录了被中央领导批示的政策建议 6 篇、顾问团专家论文 9 篇、《判断与思考》简报有关专家文章建议 4 篇。这些文章既有提交给国务院的政策建议，也有顾问团专家对农业农村不同领域、不同内容的重点思考和心得体会，具有较强的思想性、战略性、针对性和可操作性。在此呈献给大家，供交流参考。

在新的一年里，希望顾问团继续深入贯彻党的十八届三中全会和中央农村工作会议精神，对我国农业和农村经济社会发展面临的重大问题开展专题调研和集中讨论，争取形成一批既有实践支撑，又有战略高度的高水平、高层次的研究成果，为党中央、国务院的宏观决策发挥参谋作用，为我国现代农业发展建言献策，也祝《判断与思考》简报越办越好，充分发挥顾问团成果转化平台的作用。

中国农业科学院　院长 李家洋

2014 年 2 月 10 日

目录

序

一、顾问团被中央领导批示的政策建议

二、顾问团专家论文

三、《判断与思考》简报有关专家文章

附录

2013

一、顾问团被中央领导批示的政策建议

中国农业科学院农业经济与政策顾问团向国务院领导的工作汇报

万宝瑞

中国农业科学院农业经济与政策顾问团是在温家宝总理、回良玉副总理的关心、支持下，于2005年12月成立和发展起来的，由我任团长，秘书处设在中国农业科学院，由农业部副部长、中国农科院院长李家洋院士亲自抓。顾问团由15位成员组成，既有长期从事农业研究的资深专家，也有中央有关部门和地方主管农业的专家领导，不少同志给政治局讲过课，或是党中央、国务院制定"三农"政策的参与者。顾问团采取分散与集中相结合、以分散为主的工作方法，一些重大、热点问题先由书面提出，顾问团成员进行思考，选择某些重大问题调研并集中研讨。

顾问团成立7年来，围绕党中央、国务院关心，地方政府迫切需要解决的重大问题进行深入调研。主要有以下工作：一是承担国务院领导交办调研任务，如《国务院关于推进重庆市统筹城乡改革和发展的若干意见》（国发〔2009〕3号）制定和落实情况调研；承担"粮食连续增产因素定量分析"、"农产品价格与通胀的关系"；承担农业科研体制机制创新、如何在贫困地区建设现代农业等重大问题调研，提出意见和建议，供国务院领导决策参考。二是成功举办四届"中国农村经济论坛"，论坛规格较高，影响广泛，成果丰硕。论坛的成果及建议报告国务院，每次都得到温家宝、李克强以及回良玉等领导的重要批示，媒体进行了广泛报道。三是通过《判断与思考》简报及时反映研究成果，向党中央国务院提出建议，共出版简报36期，其中，6篇简报受到温家宝总理批示，16篇受到回良玉副总理批示。

顾问团将一如既往地为新一届国务院领导班子服务，为农业和农村工作献言献策。

旱作农业是我国粮食增产的重要途径

李家洋　万宝瑞

近一时期，我国粮食安全问题备受社会关注。普遍认为我国耕地逐年减少，特别是推进城镇化建设，耕地减少更为突出。2011年和2012年粮食增产主要靠提高单产，单产对粮食的贡献率已达到85%以上，未来再靠提高单产大幅度提高粮食总产难度很大。有的专家认为，目前我国粮食产量主要分布在具有灌溉条件的产粮区，全国还有近一半的耕地是非灌区，如果能够改变生产条件，采取有效措施，粮食增产的潜力还是很大的，特别是北方旱作农业区，很值得重视。就此问题，由农业部副部长李家洋和国家食物与营养咨询委员会主任万宝瑞带队，一行7人，先后赴陕西和甘肃两省对旱作农业进行专题调研。实地考察了陕西永寿县、宜君县、安塞县，甘肃广河县、通渭县、庆阳市、庆城县、环县等8个市(县)，听取了省、市、县有关部门情况介绍，与乡（镇）、村干部、农技人员、农民进行了座谈，深入到田间地头进行实地考察，并走访农户。调研组看到，两省发展旱作农业，不仅在增产、增收方面取得了明显效果，而且还创造了一套简单、易行的工作经验，这对旱作农业地区具有普遍的借鉴意义，同时，也启迪了我们，发展旱作农业是今后一个时期粮食增产的重要途径。

一、旱作农业的做法和经验

陕西北部和甘肃大部分地区年均降水量250～550毫米，是没有灌溉条件的典型旱作农业区，主要依靠雨水进行农业生产。甘肃全省 2/3 以上耕地年均降水量 300～400 毫米，且主要集中在 7、8、9 三个月，年年春旱、大旱不断，粮食产量低且不稳。甘肃省农技人员和农民探索出多种旱作农业技术，其中效果最好的是全膜双垄沟播技术。这项技术使甘肃省种植结构和粮食产量发生了重大变化，由不能种植玉米到能够种植，旱作区由原来亩产 200 千克小麦到采取双膜覆盖技术亩产 700 千克玉米。全膜双垄沟播技术是旱作农业的一大创举，其具体做法是：

1. 全膜覆盖，降低水分蒸发，保温保墒。甘肃省旱作农业地区降水量平均 300～400 毫米，蒸发量达到 1 500～1 600 毫米。为解决旱地土壤蒸发、保蓄土壤水分，将耕地全地面、全年覆膜，使土壤保持较高水分，满足了早春春旱条件下作物出苗和前期生长对水分的要求。据测算，全膜覆盖使得土壤水分蒸发减少 80%。同时，还起到增温效果，使海拔 2 200 米以上不能种植玉米的区域变成可以种植玉米等高产作物的区域，使海拔 1 700～2 200 米低产的中早熟品种改种为高产的中晚熟品种，使粮食产量大幅度增加。农民形象地唱到："天上的雨水跑不了，地下的水分蒸发少；全膜覆盖地温保，增加热量催苗早；庄稼有了保护伞，农民端了个铁饭碗。"

2. 双垄沟播，实现雨水集流利用，显著提高降水利用效率。双垄就是在田间起大小相间的垄，通过这种微工程，使整个田间形成沟垄相间的集流场，使春季无效降水富集利用，变为有效降水。沟播，就是沟内播种，从而使有限的降水供作物生长利用，有效解决了因干旱无法出苗的问题。据测算，双垄沟播使降水利用率平均达到 70%以上，水分利用效率平均每亩①每毫米降水生产 2.2 千克玉米，在年降水 400 毫米的条件下，玉米亩产平均可达到 700 千克以上。

3. 以"全膜双垄沟播"技术为支撑，修梯田、调结构。有了

① 亩为非法定计量单位，1 亩=1/15 公顷。

这项技术，甘肃省开展了大规模的梯田建设，把坡度在25°以下的大部分山地修成梯田，使跑土跑水跑肥的“三跑田”变成了保土保水保肥的“三保田”。在此基础上调整种植结构，压缩小麦等夏收作物的种植面积，扩大玉米、马铃薯等高产秋季作物种植面积，将亩产200千克的小麦改为种植亩产700千克的玉米，粮食产量大幅度提高。

调整种植结构不仅增加了粮食产量，也产生了丰富的玉米秸秆，为发展养殖业和农产品加工业打下了基础。甘肃广河县种植结构调整后积极发展畜牧业，全县畜牧业产值达到2.3亿元，牛羊存栏量103万只羊单位，建成联户养殖小区169个，人均养殖业收入1 200元，走出了“旱作农业—玉米秸秆—养殖牛羊—能源沼气—有机肥料—粮食增产”的农业循环发展道路。

4. 旧膜回收利用，发展循环经济。在旱作农业区，地膜残留污染是个大问题，甘肃省采取了如下两项措施：

（1）地膜加厚，政府统一采购。政府要求地膜从0.005毫米变为0.01毫米，薄膜变厚膜，加入耐候剂使废旧地膜不易碎，能从地里捡拾起来，而且可以延长使用年限至一年半。减少了地膜投入和机器作业费用，而且促使玉米根茬腐烂还田，增加土壤有机质。

（2）政府补贴回收旧膜。旱作农业区每个乡（镇）设置1个旧膜回收点，政府补贴运作，废旧地膜从农民—商贩—回收点—加工厂，加工厂按每千克1.2元收购废旧地膜，用其生产新地膜、塑料制品等，形成循环经济。我们在调研中看到，农民和加工厂交收废旧地膜做原料的积极性较高。

二、重要启示

旱作农业地区，多数是贫困地区，上述两省发展旱作农业的经验，不仅为贫困地区农民脱贫致富探索一条路子，而且对保障我国粮食安全具有重要意义。

1. 大幅度提高投入产出比。传统旱作农业区粮食产量低且不稳定，严重影响农民生活和农业生产。采用全膜双垄沟播技术，技术简单、易行、高效，每亩增加投入地膜 80 多元、铺膜机作业费 40 元，能够使玉米增产 400 千克以上，投入产出比高达 1∶6。陕西省永寿县小麦生产采用镇压方式，每亩花费 75 元镇压作业费可使小麦增产 100～150 千克，投入产出比为 1∶3。全膜种植马铃薯不但比露地种植增产 30％以上，品质还可提高，投入产出比达到了 1∶7。不仅经济上高效，更为重要的是对保障国家粮食安全具有特殊意义。

2. 大幅度增产粮食。据统计，我国北方旱作玉米面积 2.26 亿亩，其中地膜覆盖玉米 3 900 万亩，适宜全膜双垄沟播的 7 900 万亩。如果采用全膜双垄沟播技术，使现有种植的 3 900 万亩半膜玉米每亩可增产 200 千克，4 000 万亩露地玉米每亩可增产 400 千克，粮食增产总量可达到 238 亿千克，占 2020 年我国粮食发展纲要增加 500 亿千克指标的一半左右。对保障国家粮食安全，具有十分重要的战略意义。

3. 大幅度增加旱区农民收入。在旱作农业区，群众根据降水分布不均匀的特点，往往是小麦、糜子、谷子等五谷杂粮样样都种一些，虽然可以有效防止因干旱造成的绝收，但很难稳定地解决吃饭问题。全膜双垄沟播技术促使种植结构调整，使粮食产量低且不稳的旱作农业区转变为稳定高产区，使易灾农业转变为“大旱不减产，小旱大丰收”的农业，使农民种植玉米每亩净收入可增加 1 300元左右。同时，以玉米和玉米秸秆为饲料的养殖业以及农畜产品加工业的发展促进了农民收入的稳定增加。

三、建议

全膜双垄沟播技术改写了旱作农业产量低而不稳的历史，结束了旱作农业区被动抗旱的局面，增强了稳定性和可控性，是旱作农业技术的深刻变革。这项技术为西北地区的农业农村经济社会发展提供了雄厚的物质基础，对国家粮食安全有着特殊意义，建议国家采取如下措施：

1. 成立国务院旱作农业领导小组。旱作农业是一个系统工程，需要整合多部门力量，建议成立国务院旱作农业领导小组，由国务院牵头、农业部等有关部委和省市参加，像黄淮海综合开发那样，加强农业、财政、科技、金融等部门的协作配合，由政府主导协同推进。

2. 制订北方八省旱作农业发展规划。我国甘肃、宁夏、陕西、内蒙古、山西、辽宁、吉林、黑龙江部分地区是典型的旱作农业区，据测算，适宜全膜双垄沟播玉米的有 7 900 万亩。建议国家应制订统一规划，甘肃每年稳定实施 2 000 万亩，其他各省根据实际情况确定 5 年实施的面积。各省按照统一规划的要求，制订本省实施计划。

3. 建立旱作农业发展专项资金。据测算，采用全膜双垄沟播技术每亩生产成本 300 元左右，包括农膜、机作费、化肥、农药、种子和地膜回收费等。建议政府每亩补贴 123 元，其中农膜 80 元，铺膜机作业费 40 元，地膜回收费 3 元，每亩补贴占每亩生产成本的 40%。由中央和省级财政负担，因旱作农业的市（县）多为贫困县，县级财政不承担补贴为宜，调动县级政府推广旱作农业技术的积极性。建议创新专项资金发放方式，农膜补贴可采用实物补贴的形式，地膜回收补贴用于回收点建设和提高旧地膜回收价格等，确保专项资金用于旱作农业生产。

4. 运用政策性金融支农资金支持旱作农业试点工作。旱作农业生产带来粮食增产和丰富的秸秆资源，促进了畜牧业的发展，农民贷款的积极性较高。建议政府采取贴息、担保方式，通过农业发展银行等政策性金融机构开展金融支农工作。建议将甘肃省农发行作为金融改革试点，服务网点向基层延伸，放宽对旱作农业区养殖户的贷款政策，建议每户放贷额度 20 万元，促进农民脱贫致富。

我国农户粮食生产适度规模的经济学分析

钱克明

中国特色现代农业建设的主体是农民家庭，重点是粮食生产，难点是规模经营。农户粮食生产规模看似是微观经济问题，实际上是我国现代农业建设过程中必须面对的重大而复杂的问题。这个问题不仅涉及粮食安全，也涉及农民增收；不仅事关生产力的发展，也事关生产关系的调整；不仅需要各地的探索创新，也需要中央层面的顶层设计。本文结合笔者平时调研所掌握的情况，利用经济学原理，对在理论上如何确定农户粮食生产适度规模的范围、在实践中如何因地制宜发展多种形式的适度规模经营、在宏观政策层面如何引导规模经营健康有序发展等问题进行了分析探讨。

一、经营规模要适度——规模报酬的三种情况

目前我国农业和粮食生产走到了专业化还是兼业化的十字路口。兼业化与社会生产力演进的方向相违背，也不符合世界现代农业发展的普遍规律，所以专业化无疑是我们政策引导的方向。农业和粮食生产专业化的前提是规模化，各地政府也意识到规模经营的重要性，千方百计地引导土地向种田能手流转、向经营大户集中，但对规模经营的理论认识并不是很清晰，工作中有些做法也值得商榷。

笔者在南方某省粮食生产大县调研时，曾见到一个王姓种粮大户。老王种了 3 000 多亩水稻，是县里精心培育起来的“种粮状

元”。县里以他为样板，正在培育一批生产规模在千亩以上的水稻专业种植大户。县长告诉我，以后全县水稻生产就靠这批主力军，剩余劳动力可以外出打工。再进一步与 20 多户千亩以上专业大户座谈后发现，他们总收入虽然较高，但多数单产水平比 50 亩以下的经营户要低。

微观经济学的规模报酬理论很好地解释了这一现象。一般在生产规模较小时扩大规模，产量增加的比例要大于投入要素增加的比例，产生规模报酬递增的现象；规模达到一定水平后若继续扩大，产量会同比例增加，产生规模报酬不变的现象；但如果规模很大时再继续扩大，产量增加的比例会小于投入要素增加的比例，导致规模报酬递减。根据笔者近年实地调研经验，我国一年两熟地区小麦、水稻、玉米规模报酬变化的转折区间大体为 30～50 亩，一般少于 30 亩时规模报酬递增，大于 50 亩时规模报酬递减。当然，由于各地机械化水平和社会化服务等不同，此数值也相差较大。

在微观层面，农户追求的是总收入的增加，即使到了规模报酬递减阶段，在耕地边际回报降到零之前，仍有扩大种植规模的动机；在中观层面，一些地方为了树典型、展形象，也利用行政力量培育扶持千亩乃至万亩种粮大户。这导致目前全国土地经营规模超小户和超大户并存，并开始出现土地经营规模两极分化的苗头。从宏观层面或顶层设计角度看，必须统筹考虑增产和增收的平衡、劳动生产率和土地产出率的平衡以及效率与公平的平衡。在工业化、城镇化完成之前，既要避免土地撂荒或经营规模过于碎小，又要防止土地过度集中，加大就业压力和社会不公，发展规模经营一定要强调适度。

二、适度规模有范围——适度范围的三个关键值

农户土地适度规模因各地资源禀赋、经济社会发展水平以及农业社会化服务和机械化水平等密切相关。从理论上说，它应该是一

个区间或范围。为了便于在实际工作中把握，我们在适度规模的区间范围内定义三个关键值，即适度规模的最大值、最小值和目标值。

适度规模的最大值。考虑当地农业机械化和生产服务社会化水平，我们将无须长期雇佣劳动力，主要依靠农户家庭劳力就能耕种的最大耕地面积定义为适度规模的最大值。根据边际报酬递减规律，适度规模最大值应该是土地的边际报酬为零时的土地规模。这时劳动力和其他生产要素作用能充分发挥，规模经济的潜力能够充分挖掘，但未考虑到农村劳动力转移和全社会就业的压力。

适度规模的最小值。综合考虑本地区劳动力转移程度、耕地面积及户均务农劳动力数量，我们将根据农业劳动力数量平均分配耕地的规模界定为适度规模的最小值。某一农户的适度规模的最小值＝（村里总耕地面积/留在村里务农的劳动力数量）×该户务农劳动力数量。根据这一数值分配耕地，可以防止耕地撂荒。

适度规模的目标值。我国粮食生产要防止兼业化和副业化，走规模化和专业化的道路，就必须使农户种粮年收入不低于其机会成本。目前农民种粮最大的机会成本是放弃了外出务工的收入。因此，我们将能够使种粮专业户的年收入与其家庭全部劳动力外出打工收入相同时的耕地经营规模，定义为适度规模的目标值，此时既能保证种粮专业户专心种粮，又能保证粮食生产就业最大化。

各地可根据上述定义，对当地三个关键值分别进行测算。在实际工作中，可以将土地适度规模的最小值作为工作的出发点，防止土地撂荒；以适度规模的目标值作为发展方向，引导粮食生产向规模化和专业化方向发展；以适度规模的最大值作为控制线，防止土地过度集中和社会不公。当然，对于农民自愿扩大规模超过控制线，只要不动摇家庭承包经营体制，暂且可以不加干涉；关键是要管住各地政府“有形的手”，防止行政干预使土地过于集中并超过控制线。

三、不同条件下土地适度规模的测算

为了便于宏观调控及各地参考，我们对不同条件下适度规模的目标值进行了测算。在测算过程中，将三种谷物（水稻、小麦、玉米）统称为粮食，假设南方每年两季、北方每年一季，有关理论模型的推导以及其他假设条件见附 1、附 2。

1. 当前条件下种粮大户的适度规模。2010 年，我国城镇居民家庭人均可支配收入为 19 109 元；按规模经营每亩粮食生产纯收益 500 元计算，要保证种粮大户家庭收入与城镇居民基本一致，根据理论模型有：

北方适度规模≈

3.1（户均人口）×19 109（年人均收入）/500（亩纯收益）＝120 亩

南方适度规模≈3.1×19 109/500/2（每年两季）＝60 亩

如果全国粮食生产全部实现适度规模经营，按北方 120 亩、南方 60 亩计算，全国粮食生产仅需劳动力约 4 300 万人。

需要特别强调的是，上述结果是基于 2010 年全国的平均水平测算得到的，会因地区、因时间不同而变化。

2. 用足用好“黄箱”政策条件下的适度规模。根据入世承诺，我国“黄箱”支持总量可达到农业总产值的 17%。也就是说，在不挤占其他农产品支持空间的情况下，粮食生产的最大支持空间为其产值的 17%。据测算，目前我国粮食生产“黄箱”支持总量约为粮食总产值的 2%，还有约 15 个百分点的政策空间。2010 年，我国稻谷、小麦、玉米三种粮食总产值约为 11 531.4 亿元，按 15%计算，总支持量还可增加约 1 730 亿元，亩均增加 130 元左右。据此测算：

北方适度规模≈3.1×19 109/［500＋130（补贴）］＝100 亩

南方适度规模≈3.1×19 109/（500＋130）/2＝50 亩

在此情况下，如果全国粮食生产全部实现适度规模经营，则仅需劳动力约 5 500 万人。

3. 调整城乡居民收入差距条件下的适度规模。考虑到目前我国城乡居民收入差距较大、农村地区生活成本低于城镇等现实情况，假设农民种粮收入是外出打工收入的一半（城乡居民收入比为 2∶1）时，种粮专业户仍然专心种粮。此时，北方适度规模约为 60 亩、南方约为 30 亩。

在此情况下，如果全国粮食生产全部实现适度规模经营，仅需劳动力约 8 600 万人。

四、规模经营方式有多种——规模经济三个来源和五条实现途径

规模报酬反映的是全部生产要素同比例增减时产生的经济回报的变化，但在生产实践中，投入要素不一定按相同比例变化，微观经济学用“规模经济”来描述这种情况。在一定的技术条件下，由于经营规模的扩大而产生收益的增加或成本下降的现象叫做规模经济，反之叫规模不经济。这里的经济有节约或合算的意思。在经济理论上，规模经济有 3 个主要来源，即内部规模经济、外部规模经济和聚集经济。

内部规模经济。如果农户种植 100 亩水稻时每亩纯收入是 800 元，扩大到 200 亩时，每亩收入若多于 800 元，这就是内部规模经济；如果每亩收入少于 800 元，就是内部规模不经济。尽管国内外学者对农业是否存在内部规模经济争议很大，但据农业部“百乡万户”调查，农户适度规模经营可带来四大好处：一是有利于采用现代生产要素和现代生产方式。经营规模达到 30 亩以上的农户，对农业机械、新品种、新技术和社会化服务的使用率，要明显高于经营规模 10 亩以下的农户。二是有利于降低生产成本。通过扩大生产规模，可较大幅度降低机械作业、病虫害防治等成本，每亩小麦

机耕作业费可降低 25～30 元，玉米、水稻可降低 10～15 元。小麦每亩节约用药 30%以上，水稻减少打药 3～4 次。三是有利于提高单产。通过土地平整、土壤改良和加强田间管理等措施，可明显提高单产。与分散经营相比，规模经营小麦单产普遍要高出约 50 千克，玉米和水稻单产要高出 20～50 千克。四是有利于节约耕地。通过土地集中连片，可减少不必要的田埂和沟渠，从而节约耕地。根据河南信阳市实践，水稻田小块变大块，由于充分利用了田埂和边角地，原来的 100 亩可增加到 108 亩，这些都可归结为内部规模经济。当然，除了种植大户扩大种植规模外，通过发展联户经营、集体经营型、联合经营型、社会化服务以及企业加农户等组织化形式，都能获得内部规模经济。相反，如果单个农户规模过大，超出其经营管理能力，就会造成内部规模不经济。

外部规模经济。假如该水稻种植户所在地区近年水稻生产规模迅速扩大，已发展成为主产区，生产经营信息和应用技术扩散加快，流通和加工等关联产业体系更加完善，基础设施明显改善，公共服务大幅增加，这时即使该水稻种植户仍然是 100 亩，但每亩纯收益可能会高于原先的 800 元，这种成本降低或纯收益增加并非源于单个农户种植规模扩大，而是来源于该地区整个水稻种植规模的扩大，这就是外部规模经济。近年来，许多地方大力发展“一村一品”，也是发挥外部规模经济的作用。相反，如整个行业过度扩张可能使得产品滞销卖难、投入品价格上涨、环境污染加重等，从而使得个别生产经营单位的成本增加或收益下降，就是外部不经济。

聚集经济。是将多种生产经营活动集中在某一地点所得到的空间意义上的规模经济。例如现代农业示范区、农产品加工业物流园区、农业产业化示范园区等，由于在一定空间内聚集多种生产要素和不同产品（行业）的生产经营活动，而使得单个生产经营单位可以获得额外的经济利益。

在实践中，实现规模经济有 5 条主要途径，概括起来，一是资源要素的适度聚集，如耕地向种田能手集中、生产向主产区集中、企业向园区集中。二是经营主体的联合，如联户经营、合作经营、集体经营等。三是专业化分工和社会化服务，如各地成立的统一育秧、统防统治、统种统收服务队、生产的部分代管或全程托管服务公司等。四是实现产业化和产业体系的完善，如产加销一条龙，贸工农一体化。五是加强基础设施建设和公共服务，为粮食生产者提供更多的公共物品等，都能获得规模经济效益。

五、主要结论与政策涵义

1. 充分认识实现土地规模经营的长期性和复杂性，积极稳妥地发展多种形式的适度规模经营。根据上述测算，我国南方粮食生产的适度规模为 30～60 亩，北方为 60～120 亩。若按国际标准看，这是很小的规模，但如果全国按这一标准推进规模化经营，则粮食生产仅需劳动力 4 300 万～8 600 万人。据笔者估计，我国目前从事粮食生产的劳动力约 1.5 亿人，全国实现粮食生产适度规模，尚需转移约 1 亿人的剩余劳动力，这在未来经济增长放缓的情况下是相当困难的。事实上，目前我国有人多地少、农民留恋土地的情结以及土地所赋予的生活保障功能决定了实现土地规模经营将是一个漫长的过程。因此，在中央宏观政策设计上，既要防止像日本那样陷入“小规模、兼业化的陷阱”；也要防止像巴西那样误入土地过分集中，大量失地农民涌入城市，造成社会动荡、发展停滞的“中等收入陷阱”。各地要根据实际情况，积极引导耕地向种田能手集中、生产向主产区集中、企业向园区集中；大力发展专业大户、联户经营、合作经营、股份经营、集体经营、龙头企业经营以及产加销一条龙、贸工农一体化的产业化经营，探索发展多种形式的规模化经营。要加强基层公共服务体系和公共基础设施建设，充分发挥内部规模经济、外部规模经济、集聚经济的综合效应。

2. 加强农村土地承包经营权确权登记颁证及流转服务，促进土地流转市场的发育。市场是配置土地资源最有效的机制，而确权是土地由熟人间流转变为市场机制发挥作用的前提条件。因此要加快农村土地承包经营权确权登记颁证工作进程，尽快解决农户承包地块面积不准、四至不清等问题；要加大对农村土地确权登记颁证工作经费的财政支持力度；结合农田基本建设，鼓励农民采取互利互换方式，解决承包地块细碎化问题；同时，要搞好土地平整、机耕道以及农田排灌设施建设，为土地流转和适度规模经营创造条件；逐步健全县乡村三级服务网络，强化信息沟通、政策咨询、合同签订、价格评估等流转服务。加强农村土地承包经营纠纷调解仲裁体系建设。

3. 加快推进农民工市民化，为实现适度规模经营创造宏观环境。实现农户粮食生产适度规模经营既需要创新农村经营体制机制，也需要健全和完善户籍制度和社会保障制度。实现农户粮食专业化生产和规模化经营的前提是稳定减少农村剩余劳动力，加快推进农民工市民化进程，使农民工真正融入城市，为适度规模经营发展提供空间。因此，实现我国粮食生产的适度规模经营，必须做好土地流转和劳动力转移的衔接、农民工市民化与土地适度集中的衔接，在工业化、城镇化的拉动下因势利导，顺势而为，不能强行推动。

总之，在中央层面的顶层设计上，要协调推进工业化、城镇化和农民工市民化；统筹做好户口、就业和社保制度的配套改革；还要对全国适度规模经营的发展提出明确的指导意见，以便从宏观上把握好适度规模经营的节奏和总体方向。各地应明确当地农户粮食生产适度规模的发展目标和规模控制线，引导土地有序流转和适度集中；同时要大力发展多种形式的适度规模经营，着力构建新型现代农业经营体系。只有上下相协同，宏观微观相衔接，才能探索出一条既符合世界农业发展普遍规律，又符合我国国情的规模化、专业化的现代农业发展之路。

附 1

理论模型：仅考虑专业农户而不考虑兼业户的粮食生产行为。目前我国种粮专业户劳动力择业机会有两个，一是从事粮食种植，二是外出打工。假设种粮专业户家庭劳动力均专心从事粮食种植，其家庭效用函数为 u（x，L_x），其中 x，L_x 分别为消费的商品数量和休闲时间，连续可微，并满足局部非饱和性。农户的最优化生产问题可以表示为：

$$\underset{(x\geq 0,L_x\geq 0)}{\mathrm{Max}} U(x, L_x)$$

$$st.$$

$$px\leq rF(L_{agri})+wL_{nagri} \quad (1)$$

$$L_x+L_{agri}+L_{nagri}=L \quad (2)$$

其中，

（1）时间约束：L_x 为家庭劳动力的休闲时间；L_{agri} 为家庭劳动力从事粮食种植的时间；L_{nagri} 为家庭劳动力外打工时间。三种时间总和必须满足时间约束。

（2）收入约束：其中，F（L_{agri}）为粮食产量，r 为每单位粮食出售的收益，rF（L_{agri}）为粮食种植收入；w 为外出打工每单位时间的收入，wL_{nagri} 为外出打工收入。

求解上述优化问题，可以得到如下结果：

$$rf(L_{agri}) \quad (3)$$

其中，f（L_{agri}）是家庭劳动力从事粮食生产劳动投入的边际产出。公式（3）是种粮大户专心从事粮食生产而不外出打工的必要条件：家庭劳动力从事粮食生产的边际劳动投入的收益必须与外出打工每单位时间的收入相等，如果低于外出打工收入，就会投入更多时间外出打工。进一步，通过对公式（3）左右两边积分发现，保证种粮专业户劳动力专心从事粮食生产而不外出打工的必要条件是家庭粮食种植收益与外出打工收入基本相当。而这一劳动力流动机理与托达罗（1969）和利利安（1982）劳动力流动理论基本一致，即收入差异是农村劳动力向城市流动的最主要驱动因素。

附 2

假设条件：

（1）种粮专业户全部家庭收入来源于粮食（稻谷、小麦或玉米）种植。

（2）北方（主要指东北三省与内蒙古自治区）一年一熟制，南方一年两熟制。

（3）假定农村平均每户家庭人口数为 3.1 人，主要劳动力为 2 名。

（4）粮食播种面积基本稳定。

（5）假设农民外出打工每单位时间的收入（即农民工工资）与城镇单位就业人员的平均工资基本一致。

（6）据国家发改委价格司《全国农产品成本收益资料汇编》，假设种粮专业户土地租金与资料汇编中的“土地成本”相近，在不考虑人工成本的情况下，2010 稻谷、小麦、玉米三种粮食亩均纯收益为 454 元。而适度规模经营可使亩均纯收益比正常情况下提高 10%左右，合计每亩纯收益可达 500 元。

应对农业高成本的政策建议

马晓河

10多年来，在土地资源不断减少和农业劳动力供给不断下降的条件下，我国农业产出只有依靠越来越多的投入获得增长，1995—2011年，我国三种粮食、大豆、油料、棉花、糖料、蔬菜六类农产品的生产投入量增长（按可比价格计算）都远远超过产出量的增长，农业高投入、高成本时代已经来临。面对高成本时代，农业发展需要新的理念。

一、我国农业已经进入高成本时代

20世纪90年代中期以来，我国农业投入产出环境发生了转折性变化，最突出的变化是每亩投入量的增长都高于产出的增长。1995年以来，我国三种粮食、大豆、油料、棉花、糖料、蔬菜六类农产品的每亩生产投入成本的增加都快于产出的增加。从1995—2011年，我国三种粮食、大豆、油料、棉花、糖料、蔬菜六类农产品每亩产出量分别增长了29.1%、32.8%、36.6%、−2.8%、26%、26%，而同期内每亩投入量即总成本，按照可比价格计算，分别增长了110.2%、91.8%、83.5%、80.5%、102.6%、124.6%。在六类农产品生产中，每亩投入量增长都快于产出量1.3倍以上，其中大豆生产投入快于产出3.8倍、蔬菜2.9倍、三种粮食2.8倍。当投入增长持续快于产出时，农业的收益率就出现了趋势性下降。20世纪90年代末期以后，我国三种粮食、大豆、油料、棉花、蔬菜等的收益率都出现了明显下降。在农产品生产投入增加中，种子、化肥、农药农膜、机械作业、排灌、土地租金、劳动成本是推动农业生产总成本上升的主要推动力量，这些投入占了六类农产品总成本的80%以上，而且近几年还出现了上升趋势。

推动农业成本快速上升除了直接生产成本之外，机会成本增加也是一个不可忽视的外部力量。20世纪90年代以来，我国农业部门的劳动力已经不再是无限供给，农业劳动力从1991年的39 098万人减少到2011年的26 594万人，21年共减少了12 504万人。农业部门劳动力的减少和非农业部门劳动就业量的增加，既直接提升了农业的劳动成本，也大大提高了农业的机会成本。近年来，农民从事非农业劳动的收入大幅上升，农民来自非农业收入增长速度远远高于农业收入增长，由此引起农民出现了“厌农”和“弃农”倾向。例如，目前在东部沿海地区，农民工在非农产业领域干1天体力活挣100元，技术工干1天挣150～200元；中西部地区的农民工在非农产业领域干1天体力活70元，技术工干1天挣100～150元。非农产业领域工资收入的快速提高，拉动了农业劳动成本的快速上涨。比如在新疆摘1千克棉花的劳务费已经由0.2元涨至2元，在陕西苹果产区给苹果套袋一天劳务费由20元增加到70元。现在农业收益是什么水平？种1亩粮食纯收入（劳动加利润）是500元，两季1 000元；种1亩棉花纯收入1 000元，种1亩油料纯收入800元。这意味着，农民进城打工干半个月体力活就可以赚到超过1亩地的纯收入。

因此，是直接生产成本上升和机会成本增加共同推动了我国农业进入高成本时代。今后，随着我国城镇化的推进和人口结构的变化，农业的高成本还将持续下去。

二、应对农业高成本时代需要新理念

面对农业高成本时代的到来，出路何在？在完全开放的市场竞争环境条件下，如果一个经济体农业投入持续增加，产品成本不断上扬，比较效益连续下降，该经济体农业必然要淘汰，最终被其他有比较优势的经济体农业所替代。中国的国情并不适用这种市场安排，且不说目前世界上还没有一个完全开放的农产品市场竞争环境，仅我国的国情就决定了我们不可能将国内农产品供给全部放在完全开放的市场竞争环境中，一些主要农产品还是要靠国内生产来满足，对这些农产品保持较高的自给率可能是不得不做出的战略选择。建议应对农业高成本有 3 条途径可供选择。

1. 实行高农价、高补贴的制度。中国农业最终要走向一条东亚型的农业发展道路。东亚型农业发展道路是什么呢？其特点是“四高”，即高投入、高成本、高补贴、高农价。从日本、韩国、我国台湾地区的发展经验看，东亚国家和地区由于人多地少，耕地资源高度稀缺，这些国家和地区即使是实现了城市化后，人均耕地面积也大大少于土地资源富裕型国家，为了在极少的土地空间上生产出国内所需要的农产品，这些国家和地区不得不选择了高投入、高成本的农业发展路径。面对高投入、高成本，由于千家万户分散的小农难以承担由“两高”带来的经济风险，政府对农业实施补贴政策，同时还通过边境保护抬高农产品价格，最终高补贴、高农价便应运而生。从过去 12 年我国的农业发展实践看，农业收入 80%以上都是靠提高价格获取的，如果既不想让农产品涨价，又不想增加补贴，同时又想让农民增加农产品供给总量，这种政策选择在现实中是难以做到的，可能的结果是农民终将放弃农业。因此，我国对农业实行高农价、高补贴的制度安排具有必然性。

2. 适度扩大利用世界农业资源的规模和范围。尽管我国要靠高农价、高补贴保障本国农产品有较高的自给率，但随着城镇化和工业化的深入推进，完全依靠本国农业来满足自身的需要将越来越困难，付出的环境代价也越来越高昂。必须充分利用世界农业资源，适度扩大一些农产品的进口数量，以满足国内市场日益增长的需要。中国农业既缺地又缺水，在保障国内主要农产品供给安全的前提下，今后应该增加一些土地密集型农产品的进口，以减缓国内土地资源紧张的压力，同时还应该减少耗水型工业品出口的规模，以缓解国内水资源供求矛盾。根据测算，2001—2010 年，我国通过世界市场，净进口大量的农产品，相当于我国平均每年利用了世界耕地资源 4.2 亿亩，其中 2010 年为 6.3 亿亩。今后，随着社会对农产品需求总量的增加，土地和水资源供给压力的加大，我国还可以适当增加一些农产品的进口量，以此腾出空间确保粮食以及重要农产品的供给安全。

3. 发展高端农业，走高附加值之路。任何产业发展最终都是要获利的。农业也不例外，除了国家对粮食等重要少数农产品采取高农价、高补贴之外，大多数农产品的发展，都要根据城乡居民收入和消费结构变化，走高端化、分层化、绿色化之路。今后，中国只有通过发展优质高附加值的农产品，才能从高投入、高成本中获得高收入。随着城乡居民收入的增长，我国的居民消费结构正在从生存型向发展型、享受型转化。在此转化过程中，社会对农产品的需求已经从过去的吃饱、穿暖向安全、健康、营养、可靠方向转换。特别是中国正在成长着一个庞大的中高收入者群体，他们对农产品的需求层次更高、支付能力更强，这样就为我国农业发展高附加值产品，走高端化、分层化、绿色化之路提供了巨大的市场空间。对此，我国就应该均衡配置农业资源，将一部分资源从低端领域转向中高端领域，用于发展具有市场需求潜力的中高端农产品，这样中国农业就形成了一种分层化新格局，有一部分资源仍停留在低端链条上生产普通农产品，另一部分资源被配置到中高端链条上生产优质高附加值农产品。

近年来，全国各地农业发展已经出现了高端化、分层化、绿色化的雏形。比如鸡蛋、猪肉、大米市场已经开始分层化，鸡蛋分笼养鸡蛋、柴鸡蛋、放养配方鸡蛋；猪肉分圈养猪、放养猪等；大米分有机米、绿色米、普通米；小麦种植也有了分化倾向。北大荒米业生产的有机大米最贵有 80 元/千克，最低价格为 15～16 元/千克；吉林省精气神有机农业股份有限公司生产的山黑猪，在北京占领了高端猪肉市场，小里脊 200 元/千克、排骨 245 元/千克，五花肉标价 100 元/千克，而且供不应求。山东平度市种植引进的黑小麦加工后每千克售价 20 元。

在我国，面对小规模农户，发展高端农业，走高附加值之路，需要政策引导和支持。第一，各级政府要提供财力支持，建立不同形式的高端农业发展专项基金，专门引导各地发展高端农业，实现分层化发展。第二，促进农业加快科技创新，没有科技创新，发展高端农业是不可能的。应分别支持科研、推广、培训等环节，同时还要培育中介技术服务组织，要通过中介技术服务组织来促进高端农业的发展。第三，引导工商资本、民营企业进入农业领域发展高端农业。第四，制定高端农产品技术标准，为发展优质高附加值农业提供支撑。

关于调整我国粮食指标和内涵的建议

陈萌山

在我国，粮食是国民经济中的一个最为重要的产业领域及类别。据统计规定，粮食按生产季节分类可分为夏收粮食、早稻和秋收粮食，按品种分类可分为谷物、豆类和薯类。谷物包括稻谷、小麦、玉米、谷子、高粱以及其他谷类（如大麦、燕麦、荞麦等）；豆类包括大豆、绿豆、红小豆等。作为粮食统计的薯类只包括马铃薯和甘薯，木薯作为其他农作物统计，其他薯类作为蔬菜统计。新中国成立以来，党和政府把吃饭问题作为经济社会发展中的头等大事，并确立了“主要依靠自己的力量解决吃饭问题”的方针。1996年，我国颁布的《中国的粮食问题》白皮书，提出了实现粮食基本自给的方针、粮食自给率不低于95%的目标，以及有别于国际通行做法将豆类和薯类包含在内的粮食统计口径。从此，这一粮食自给率目标成为我国发展粮食生产、保障供给的重要目标，并在国家有关重大规划及政策中不断得以重申和强化。

一、我国历史上的粮食内涵与外延不断变化，呈现出明显的地缘特征和消费习惯

1. 与农业的起源及引种有关。我国是世界三大农业起源地之一，最早驯化的作物有黍、稷、粟、菽、稻、麦等。秦汉时，粟的生产已占首位。东晋建都南京后，人口及经济重心南移，促进了南方水稻生产。明朝，水稻在粮食中的比重已占70%。1492年哥伦布发现美洲大陆后，玉米、花生、甘薯、马铃薯等作物相继传入我

国。据记载，清朝种植的粮食作物就有上百个品种。新中国成立前，我国基本形成了以水稻、小麦、谷子、高粱、大豆、玉米、甘薯、马铃薯等为主的粮食作物生产。

2. 与地理环境及生产技术有关。早在先秦时期，先人们就认识到不同作物都有其“物宜”、“时宜”和“地宜”的生产技术特点及要求，如黍、稷、粟耐干旱、耐瘠薄、抗逆性强，主要在西北地区种植；水稻好湿喜温，分布在长江及以南区域。针对北方少雨干旱，贾思勰在《齐民要术》中对公元6世纪前的北方旱作农业进行了总结，提出了耕、耙、锄、压等一整套的保墒防旱技术。宋代，以耕、耙、耖为主要内容的稻田耕作技术逐步发展成熟。在耕种技术的推动下，稻、麦、玉米逐渐成为我国南北方粮食生产中的主体。

3. 与消费习惯及供求有关。传统农业时期，局限于交通运输条件，居民膳食基本上是当地种什么就吃什么，形成“一方水土养一方人”的供养格局。南人食米、北人食面、黄土高原小米杂粮、高寒山区马铃薯荞麦玉米，一直延续到20世纪的80年代才开始出现变化。随着人口流动频繁和农产品市场供应充裕，近些年来我国饮食多样化加快了城乡居民膳食结构的调整，由如何吃饱转向如何吃好、如何吃得更有营养。

二、目前，我国粮食消费水平正在与世界接轨，城乡居民主食及膳食结构出现了新的变化

新中国成立后特别是改革开放以来，我国农业综合生产能力得到迅速提升。

1. 在谷物持续增产的情形下，薯豆杂粮逐渐退出主粮系列，稻麦需求快速增长。据统计，1952年我国薯类产量1 633万吨、大豆产量952万吨，两者占粮食的比重为15.8%，加上高粱1 110万吨、谷子1 155万吨，四者占粮食的比重为29.6%。到2011年，前两项及四项的合计分别占粮食的比重降至9.1%、9.7%。一方

面，薯豆杂粮的食物数量保障功能弱化，退居为城乡居民膳食改善的营养来源；另一方面，人们对主粮的品种要求越来越高，由过去填饱肚子的五谷杂粮、瓜菜薯，变成了现在一日三餐的大米白面，米饭、馒头、面条、包子已成为南北方居民家庭的日常主食。“吃什么”已成为“生产什么”的主要导向，这标志着我国粮食安全的供求型态发生了逆转。如何应对社会需求加快粮食生产结构调整，使粮食品种与城乡居民的主食和膳食结构相适应，成为当前及今后我国粮食生产发展的核心要求。

2. 粮食生产及消费同步增长，人均占有量相继突破400千克，但主粮谷物的消费缺口仍较大。按照现有的粮食概念来统计，1979—2012年，我国粮食总产平均每年增长2.0%，比年末总人口的年均增长1.0%高出1倍；2001—2012年，同样的比率更是高出2.3倍。粮食增长的速度越来越快于人口的增长，这为人民生活改善奠定了基础。2012年，我国人均粮食总产436.5千克，若扣除其中的豆类薯类，人均粮食产量399.5千克，与当前人均430千克的要求相比还有较大差距。此外，大量进口的大豆推高了食用油消费。据卫生部监测数据显示，2010年我国居民家庭人均每日烹调用油摄入量达到49.1克，高出膳食指南推荐标准25克近1倍，而食用油脂的过度摄入是造成血脂异常、超重及肥胖等慢性病的重要危险因素。一边是豆类消费过量，另一边是优质主粮消费不足。

3. 粮食消费结构发生转变，肉蛋奶等动物性食物消费比重明显上升，粮食总体消费水平呈递增趋势。据统计，我国城乡居民家庭人均肉类消费量，分别由1990年的21.74千克、11.34千克增加到2012年的24.9千克、16.4千克。农村居民肉类消费水平低于城市，但城市居民肉类摄入却呈不均衡状态。据卫生部监测数据，2010年有27.4%的城市居民为肉类过量摄入，其余人群尚未达到合理膳食的要求。日本是全球食物营养做得较好的国家之一，该国居民人均热量摄取量于1970年达到高峰后居高不下，直到1990年后才逐渐下降。也就是说，生活改善后各类人群的高热量及动物性食物的摄入水平，即便有合理膳食理念的引导，都会保持一段时期的增长惯性。据预测，到2020年我国人均粮食消费将达到500千克左右，这对主粮谷物生产提出了更高要求。

三、由于历史与现实情况不同，我国粮食概念与发达国家及FAO的相关概念及定义差异较大

主要表现在两个方面：

1. 概念的内涵与外延不同。我国“粮食”概念，比国外“谷物”概念大，多出“薯类”和“豆类”。在发达国家和FAO的统计中，大豆无一例外地都被列入“油料作物”之中，薯类仅作为“食物”中的一个种类进行统计。与国外的“食物（Food)”相比较，我国“粮食”内涵相对狭小，仅是国外“食物（Food)”概念中的部分内容。

2. 农产品的国际贸易影响大。在食物消费水平的提升和拉动下，近些年来我国高效优质型农业得到快速发展，现有耕地已难以满足国人所需的食物生产，若干农产品尤其是食用植物油籽的供需缺口迅速扩大，致使大豆进口量迅速上升。一些国家、国际组织及个人，常曲解我国粮食概念，渲染我国“粮食危机”，企图对我国在国际市场进口粮食等农产品施加压力。

四、政策建议

1. 对我国“粮食”内涵外延从狭义和广义两个方面进行规范。参照FAO的分类，将“粮食”分别界定为“谷物”和“食物”两个方面的内涵，并将其具体类别向全球发布。

2. 结合我国实际，与国际通行指标接轨，将粮食安全的政策指标作适当调整，划定国内谷物基本自给的“红线”并明确其目标要求。一方面，要按照吃饱吃好、把饭碗牢牢端在自己手中的原

则，确保稻谷、小麦、粗粮（玉米等）三大主粮品种实现国内基本自给，确立2020年我国谷物自给率不低于95%的目标；着力推进谷物生产稳定增长，其中水稻、小麦自给率基本达到100%，玉米自给率力争达到90%以上；另一方面，要加快转变农业发展方式，把过去的“生产决定消费”变为现代的“营养指导消费、消费引导生产”，在保障谷物总量供求平衡及质量安全的同时，努力调整粮食生产的品种结构、区域结构，以满足各类人群对食物消费的优质化、营养化及多样化需求。

3. 按照发挥比较优势、满足国内消费的原则，在努力保持大豆、棉花、油料、糖料等重要农产品必要自给水平的同时，适度扩大农产品的进出口贸易。据测算，到2020年我国食用油自给率宜保持在30%左右的水平，食糖自给率稳定在70%以上，不足部分按互惠互利、扩大市场开放的原则解决；棉花应稳定保持国内消费自给，满足棉纱和纺织品出口需要的则通过进口调剂；同时放宽非敏感农产品的进口，以满足国内食物消费的多元化需求，推行耕地休养生息，保护生态环境。

4. 加快实施农业“走出去”战略。通过加强与农业资源丰富的国家及地区合作，到国外建立相对稳定的谷物等农产品生产基地、贸易平台及物流系统，既可提升所在国（地区）的食物生产供给水平，又能为我国扩大市场开放、推进国际贸易奠定良好的支撑条件。

关于加强我国土壤污染治理修复的建议

赵立欣　孟海波

一、我国土壤污染状况及存在问题

随着工业化、城市化、农业集约化的快速发展，大量未经处理的废弃物向土壤系统转移，并在自然因素的作用下汇集、残留于土壤环境中。据估计，我国受农药、重金属等污染的土壤面积达亿亩，其中矿区污染土壤达 3 000 万亩、石油污染土壤约 4 500 万亩、固废堆放污染土壤约 75 万亩，已对我国生态环境质量、食品安全和社会经济持续发展构成严重威胁。据统计，我国耕地污染退化面积约占总耕地的 1/10，其中工业“三废”污染耕地近 1.5 亿亩，污水灌溉已达 4 950 多万亩。据报道，近年来华南地区部分城市有 50%的农地遭受 Cd、As、Hg 等有毒重金属和石油类污染，广州近郊因污水灌溉而污染农田约 4 万亩，因施用污染底泥造成 2 万亩的土壤被污染，污染面积占郊区耕地面积的 46%；在东南一些地区，Hg、As、Cu、Zn 等元素的超标土壤面积占污染总面积的 45.5%，上海农田耕层土壤 Hg、Cd 含量增加了 50%。天津近郊因污水灌溉导致 34.5 万亩农田受污染；沈阳张士灌区污染土壤达 3.75 万亩；西南、西北、华中等地区也存在较大面积的 Hg、As 等重金属污染。据中国科学院南京土壤研究所最新调研发现，目前长江三角洲地区土壤污染除了“常见”的农药等污染外，最严重的是“持久性有机污染物”和“有毒重金属”污染，局域的农田土壤多达 16 种多环芳烃、100 多种多氯联苯类及 10 余种二噁英类剧毒物质，其结果令人吃惊和担忧。土壤污染急剧退化态势对我国耕地资源可持续利用和粮食安全提出了严峻的挑战。

此外，农业生产过程中过量和不合理的施用化肥、农药、农膜、饲料等生产资料，造成土壤污染问题也很严重。据统计，我国化肥单位面积施用量在全球属中等偏上，国际公认的化肥施用安全上限为每公顷化肥施用量225千克，而我国2010年农田（按耕地18.3亿亩和园地1.95亿亩计算）平均每公顷化肥施用量为379.5千克。

土壤污染不仅导致土壤质量和生产力的降低，而且引起水、气环境质量的下降，严重的土壤污染将直接危及到食品安全、生态安全和人体健康，同时也影响着投资经商、对外贸易以及一些重要国际公约的履行，不利于我国的环境外交、全社会的稳定和经济增长，从而制约区域和国家的可持续发展。

二、国外治理土壤污染的成功经验与做法

为了研究如何解决我国土壤污染问题，农业部规划设计研究院专家组2013年9月对英国、德国进行专题考察和调研，学习他们在治理土壤污染方面的成功经验和做法，获得了一些有益启示。

（一）两国均注重科技创新对土壤污染治理的重要作用

1. 英国。英国是早期工业发展国家，有非常严重的土壤及地下水污染问题。20世纪60年代，英国历经经济高速发展后，因为化学废弃物的倾倒造成大量污染土地。据统计，大约有30万公顷（约占英国耕地总面积458.3万公顷的6.5%）的土地受到不同程度的污染。为此，从20世纪中叶开始，英国就陆续制定相关的污染控制和管理的法律法规。同时，分区域开展土壤污染治理修复规划工作，特别注重科技创新在土壤污染治理修复中的作用，形成了一系列土壤污染治理的技术体系和标准体系。英国采用的土地修复

技术非常规范，主要分为物理方法、化学方法、生物修复技术 3 方面。

20 世纪 80 年代，英国提出了利用生物修复技术清除土壤中重金属污染的思路，首次利用遏蓝菜属植物修复了长期施用污泥导致重金属污染的土地。

2. 德国。德国在工业化过程中也留下了许多污染土地，有 15%～20%的土地被认为可能受到污染。调查结果表明，德国有约 230 万公顷的土地需要治理。土地污染问题在德国受到广泛关注，严重阻碍了所在地区的经济发展，增加了投资环境的风险，并扰乱德国当地居民的生活。

德国政府利用科技创新对土壤进行防污处理。首先，全面开展土壤监测工作。目前，德国各州都对土壤进行长期监测，全国共有 800 多个监测点，对土壤的生物、物理、化学特性以及有害物质含量等进行描述，随时了解土壤特性的变化信息，同时观察土壤发展趋势，评估治理措施是否有效。其次，对全国有污染嫌疑的地块进行排查、筛选，制定污染治理与土壤修复规划并实施。最后，建立污染场地数据库，对土壤保护进行有效的动态管理。

（二）两国均通过立法对土壤污染进行防控与治理

英、德两国均以法律法规和标准、制度建设作为土壤污染防治的基础，把制定污染场地管理政策和治理措施作为政府的行政职责和法律义务，据了解两国已制定了一系列法律法规，并形成完善的法规保障体系。

英国政府于 1992 年开始对土壤污染风险管理与修复进行研究，并于 2000 年立法。英国在污染场地设置了全面的法律框架，先后颁布了《环境保护法案》、《环境法》等，对英国的土地污染设置了法律规范体系，其主要目标是提供发现和处理历史遗留受到污染土地的方法；法案要求地方授权机构识别出污染场地并确保污染场地的风险得到控制，法案还制定了污染土壤修复的付费规则。此外，英国政府还发布了《英国指导潜在污染土地恢复手册》，将化工、煤焦化、木材加工等企业和机构的所在地列为潜在污染场地。

德国政府 1998 年颁布施行《联邦土壤保护条例》，1999 年又颁布了《联邦土壤保护法》，通过这两部法律法规第一次从法律上对土壤保护进行了规范，确定了土地使用者和所有者规避危险的原则和清除土壤污染的义务，并明确对污染土地的调查统计和采取清除措施的有关责任。另外，规定联邦政府在每个任期都有义务提出一份关于在土壤保护方面取得进展的报告。

三、政策建议

土壤环境是食品生产和加工的基础，是从农田到餐桌整个食品安全体系的首要环节，防治土壤污染，对于长久的食品安全具有重大意义，建议国家组织全国范围内、为期至 2020 年的重大农业科技协同攻关行动，并纳入国家科技攻关项目加以支持。

1. 建议由农业部牵头，有关部门参加，组织全国范围内的优势科研单位联合攻关，重点开展关键技术创新集成研究与示范推广，对粮食主产区、矿区、工业区、填埋区、老城区等优先点位的污染土壤，形成治理修复技术支撑体系。

2. 围绕现代农业发展需要，实施粮食主产区污染土壤治理修复科技创新攻关项目，形成保障我国土壤持续生产能力和农产品安全的技术支撑体系，实现农业可持续发展。

3. 开展土壤污染治理修复政策、评价研究，制定法律法规和完善标准体系，形成保障我国土壤持续生产能力和农产品安全的政策体系。

二、顾问团专家论文

有关城乡现代化建设的两则建议

刘志澄

一、将城乡现代化建设纳入城乡一体化总体规划

新型城镇化建设和社会主义新农村建设是我国城乡两大板块实现现代化的必由之路。事实表明，城乡两大板块的现代化建设具有相当大的依存性、关联性和制约性。党的十八大指出，城乡一体化是解决我国“三农”问题的根本途径，其真谛就是要求城乡两大板块的现代化建设必须均衡发展，实现城乡共同富裕与繁荣。如果城乡建设发展失调，我国就不可能顺利消灭城乡差距，实现由二元化社会经济结构向一元化转变。应当看到，社会主义新农村建设是推进新型城镇化的动力，只有新农村建设好了，农村社区安定和谐了，农村规模经营实现了，农村劳动生产率提高了，农民数量才能真正减少，实现农民离土离乡进城。反过来，只有新型城镇化建设好了，城市经济更快发展了，社会公共服务体系更加健全了，现代化市场体系更加完善了，才能为农村农民进城就业和落户安居创造条件。对此，建议把城乡两大板块的现代化建设纳入城乡一体化的总体规划之中，或者在城乡一体化总方针指引下统筹兼顾，协调发展，同步推进，切勿出现“一头沉”、“一头轻”的局面。

二、形成社会主义新农村建设工作会议制度

中央城镇化工作会议召开以后，我国城镇化建设必将走上新的发展轨道，迎来新的发展机遇。而社会主义新农村建设和发展的现

状就显得相形见绌。新农村建设是一项全面提升“三农”的政治地位、经济地位、文化地位、社会地位和生态地位的现代化工程。由于各地自然条件和资源禀赋不同，农村生产力和经济发展水平各异，造成经济发达地区、欠发达地区和贫困山区新农村建设的进程差别很大，有的甚至还处于停滞状态。对此，建议像抓城镇化建设那样，党中央组织召开社会主义新农村建设工作会议，进一步对未来农村建设蓝图做出创新性部署。

社会主义新农村建设事关全面建成小康社会的大事，到 2020 年全面实现小康社会不到 7 年了，时间紧迫，必须迎头赶上，加大投入与建设的力度，使城乡两大板块的现代化建设比翼双飞。

坚持和完善农村基本经营制度
加快构建新型农业经营体系

陈晓华

党的十八大明确提出，坚持和完善农村基本经营制度，构建集约化、专业化、组织化、社会化相结合的新型农业经营体系。党的十八届三中全会对加快构建新型农业经营体系专门进行部署，这是中央在总结实践经验基础上、顺应“三农”发展新变化做出的重大决策，是走中国特色农业现代化道路的重要遵循，内涵丰富，意义重大。

一、构建新型农业经营体系是完善农村基本经营制度的必然要求

我国农村实行的以家庭承包经营为基础、统分结合的双层经营体制是在改革人民公社旧体制的基础上逐步确立的。经过 30 多年发展，农村基本经营制度的内涵得到不断丰富和完善，概括起来 3 句话：家庭承包经营是基础，统一经营不可或缺，双层经营体制是密不可分的有机整体。

（一）农村基本经营制度具有极大优越性

中央始终强调农村基本经营制度是党的农村政策的基石，必须长期坚持，动摇不得。

1. 我国现行农村基本经营制度具有旺盛的生命力。30 多年来，家庭承包经营解放了农村生产力，激发了广大农民的积极性和创造

性；统一经营把分散的家庭经营引领上了商品化、专业化、社会化的路子，促进了向现代农业的转变。实践证明，家庭经营与统一经营的有机结合，实现了优势互补，适应现代农业发展要求，具有旺盛的生命力。

2. 农村基本经营制度符合农业生产特点。家庭经营最适于农民合理安排劳动力和劳动时间，根据市场、气候、环境等及时决策。有了长久稳定的农村土地承包关系，农民既可以放心地经营土地，扩大生产投入；又可以安心流转土地，为发展适度规模经营创造条件。特别是我国人多地少，保障农户有一份承包地，有利于农村社会稳定。

3. 农村基本经营制度能够容纳持续发展、不断创新的农业生产力。把家庭承包经营的优势与统一经营的优势结合起来，不仅适应以手工劳动为主的传统农业，也适应采用先进技术和手段的现代农业。在家庭承包经营基础上，发展多种形式的联合与合作，形成农户专业化生产与各类社会化服务的有机结合，可以进一步容纳和支撑农业生产力的发展。

4. 农村基本经营制度符合世界农业现代化提高组织化程度的发展趋势。从世界各国看，家庭经营仍是最基本的农业经营形式。在家庭经营基础上建设现代农业，虽然各国走的道路不同，但大都是发展全覆盖、多层次、多形式、多元化的农业社会化服务，提高农业生产组织化程度。我国双层经营体制中两个层次的有机结合，也是借鉴了国际经验。

（二）农村经营体制机制仍需进一步创新和完善

随着我国进入加快改造传统农业、建设现代农业的关键时期，农村经营体制机制也面临着许多新的挑战，需要进一步丰富和完善。

1. 农村劳动力大规模持续转移，迫切需要解决农业劳动力结构性短缺、素质下降的问题。国家统计局数据显示，截至 2012 年底，全国农民工总量达到 2.6 亿，占农村劳动力总数的 45%。同时，农业劳动力出现了年龄段、季节性、区域性等结构性短缺。如果这一状况得不到改善，今后一个时期将严重影响现代农业建设。

2. 承包农户经营呈兼业化趋势，迫切需要解决集约化、规模化经营主体缺乏的问题。我国农户天生孱弱，全国 2.29 亿承包农户，户均耕地 7.5 亩且分布零散。承包农户不断分化，既出现兼业化倾向，也有撂荒等粗放经营现象。2012 年我国有纯农户 1.72 亿户、农业兼业户 4 673 万户、非农业兼业户 2 213 万户，分别占农户总数的 65.9%、17.9%、8.5%。

3. 克服农户分散经营局限，迫切需要解决农业组织化程度低的问题。发展农民合作社和农业产业化是从根本上解决小生产与大市场矛盾、提高农业组织化程度的有效途径，但目前，农民合作社发展仍存在带动能力弱和管理不规范等突出问题，龙头企业发展存在经济实力薄弱、创新能力不强、融资困难、与农户间的利益联结机制不健全等突出问题。

4. 适应专业化分工发展要求，迫切需要解决农业社会化服务发展滞后的问题。目前农村集体经济比较薄弱，集体经济组织法人地位不明确，普遍缺乏为农民提供“统”的服务能力；经营性服务组织发育不充分，公益性服务机制不健全，特别农业生产性服务发展严重滞后，“一家一户”单打独斗搞生产的问题还没有根本解决。

二、构建新型农业经营体系的内涵和总体思路

构建新型农业经营体系是一项系统工程，也是一个顶层设计科学引领与基层实践探索互动促进的过程。新型农业经营体系可以理解为，在坚持农村基本经营制度的基础上，顺应农村发展形势的变化和现代农业发展的要求，以提高农业集约化、专业化、组织化、社会化为重点，通过自我发育和政府引导，形成的各类农业生产经营主体及其关系的总和。

新型农业经营体系中的“四化”是紧密联系、相互促进、互为依存的一个整体，集约化和专业化属于“分”的层次，更多强调农业经营主体自身的生产经营方式，着眼于提高农业生产效率；组织化和社会化属于“统”的层次，更多强调经营主体之间的经济联系方式，着眼于提高农业整体竞争力。“四化”共同服务于促进现代农业发展和农民持续增收的目标。

1. 集约化是相对粗放经营而言，解决的是农业生产经营中“物”的投入不足和使用效率低下的问题。我国农业规模化经营与小规模生产并存、“大农”与“小农”并存的格局将长期存在。实行集约化经营，可以在一定面积的土地上，集中投入生产资料，运用先进科技和现代化管理手段，使农民在单位面积的土地上获得更多的农业产出，有效提高土地产出率、资源利用率和劳动生产率。

2. 专业化是相对兼业化经营而言，解决的是农业生产经营中“人”的结构性短缺问题。相比小农户和兼业户，专业户在改善生产条件、开拓市场等方面都具有较强的主动性。实行专业化经营，在坚持家庭承包经营的基础上，鼓励和引导土地向种田能手、专业大户、家庭农场等新型经营主体集中，可以有效弥补传统农户分化造成的主体缺失，培养一大批新型职业农民，从而稳定和发展农业生产。

3. 组织化是相对分散经营而言，解决的是农业生产经营主体对接“市场”不足的问题。组织化既包括农户之间的横向联合与合作，也包括产业链条的纵向延伸和拓展。实行组织化经营，通过完善的利益联结机制，把分散农户组织起来开展农业生产经营，可以解决一家一户办不了、办不好、办起来不合算的问题，增强农民进入市场的能力、规避风险的能力和参与竞争的能力。

4. 社会化是相对个体经营而言，解决的是农业生产经营“服务”不足的问题。越是规模经营，越是市场化程度提高，越需要社会化服务。在充分尊重农户市场主体地位的前提下，通过开展社会化服务，可以使农户获得多元化多层次多形式的服务和较高的经济效益，实现农业生产从单家独户的分散经营转变为多主体全过程参与的社会化大生产，使农业内、外部规模经济效应都能得到充分发挥。

三、构建新型农业经营体系的重点任务

要在保护好农民土地承包权益的基础上，着力培育新型农业经营主体，健全农业社会化服务机制，逐步建立起以农户家庭经营为基础，以专业大户、家庭农场为骨干，以农民合作社和龙头企业为纽带，以各类社会化服务组织为保障的新型农业经营体系，促进农业生产经营的集约化、专业化、组织化和社会化。

（一）加强土地流转管理和服务，发展多种形式适度规模经营

1. 健全土地承包经营权管理制度，为发展规模经营提供坚实基础。一是修改完善相关政策法律，落实土地承包关系稳定并长久不变的要求。研究现有土地承包关系保持稳定并长久不变的具体实现形式，尽快明确长久不变的政策含义，赋予农民更加充分而有保障的土地承包经营权。二是健全确权登记制度，用 5 年时间基本完成农村土地承包经营权确权登记颁证工作，妥善解决农户承包地块面积不准、四至不清等问题。探索土地承包经营权有偿退出机制，避免土地细碎化。三是健全土地流转管理服务体系，加强纠纷调解仲裁能力建设。研究制定农村土地流转服务体系建设发展规划，探索建立覆盖土地流转全过程的监管机制。加强农村土地承包经营纠纷调解仲裁制度建设，健全纠纷调解仲裁体系。

2. 引导农村土地承包经营权流向专业大户、家庭农场等新型农业经营主体。一是探索建立家庭农场注册登记制度，出台扶持家庭农场发展的政策意见，指导地方稳步培育家庭农场。二是引导农村土地流向新型经营主体。鼓励地方建立土地规模经营扶持专项资

金，引导农村土地流向达到适度经营规模的专业大户、家庭农场，鼓励签订中长期租赁合同，稳定土地经营规模。三是研究制定新型经营主体扶持政策。鼓励地方将新增农业补贴、财政奖补资金、农业保险保费补贴向专业大户、家庭农场倾斜。鼓励地方设立农业担保公司为专业大户、家庭农场提供融资服务。四是结合农田基本建设，鼓励通过互换并地促进规模经营。

3. 建立健全土地流转准入制度，规范工商企业租赁农户承包地行为。一是稳步开展农村土地流转规范化管理和服务试点，探索建立农业经营能力审查制度、健全土地承包经营权流转市场、发展多种形式规模经营的有效途径。二是探索建立严格的工商企业租赁农户承包地准入和监管制度，严格农业经营能力审查，规范流转行为，抑制“非粮化”，禁止“非农化”。三是建立土地流转风险防范机制。鼓励建立和完善土地租金预付制度。在土地流转面积较大地区，鼓励通过政府补助、流入方缴纳等方式建立土地流转风险保障金制度。对经营规模超过一定面积的经营主体，制定专门的农业保险补贴政策，降低经营风险。

（二）发展新型农民合作组织，提高引领带动和市场竞争能力

1. 进一步加强规范化建设。把加强规范化建设放在首位，力争办一个成一个，让合作社真正发挥应有的功能和作用。实行部门联合评定示范社机制，分级建立示范社名录，并开展运行监测、动态管理。指导合作社制定好章程，建立健全各项内部管理制度，切实做到民主办社、民主管理。建立以成员账户为重点的财务会计制度和盈余分配制度，尤其对企业领办的合作社，要把公司会计账簿与合作社的账簿分开。

2. 进一步加大政策扶持。以示范社为重点，逐步扩大农村土地整理、农业综合开发、农田水利建设、农技推广等项目由合作社承担的规模，建立健全项目资产管护机制。增加合作社发展资金，

支持合作社改善生产经营条件、增强发展能力。完善合作社税收优惠政策，推动将合作社纳入国民经济统计并作为单独纳税主体列入税务登记。在信用评定基础上对示范社开展联合授信，引导各地规范开展信用合作。

3. 进一步加强人才培养。建立合作社带头人人才库和合作社人才培养实训基地，逐步健全广覆盖、多层次、可持续的合作社人才培养体系。积极引导高校毕业生到合作社工作，建立健全高校毕业生进得来、留得住、干得好、流得出的激励机制。

4. 进一步强化服务指导。鼓励农民兴办专业合作和股份合作等多元化、多类型合作社，引导合作社以产品和产业为纽带开展合作与联合，积极探索合作社联社登记管理办法。鼓励和引导农民合作社广泛参与各类农产品展示展销活动，支持合作社在城市社区建立直销店（连锁店），逐步推广“农社对接”产销模式。

（三）培育壮大农业产业化龙头企业，健全完善利益联结机制

1. 做大做强龙头企业，在培育行业领军企业上取得新突破。按照“优化配置、集约经营、规模发展、整体推进”的思路，在粮棉油、肉蛋奶、水产和果蔬等重点行业，培育一批领军企业。引导龙头企业建立和完善现代企业制度，优化公司治理结构。鼓励支持龙头企业通过兼并、重组、收购、控股等方式，推动跨区域、跨行业、跨所有制的资源整合，组建大型企业集团。

2. 创建农业产业化示范基地，在推动龙头企业集群发展上取得新突破。引导龙头企业向优势产区集中，推动企业集群集聚，培育壮大区域主导产业。推动企业集群与生产基地、专业批发市场对接，打造原料及加工制品集散中心。推动企业集群与国家现代农业产业技术体系结合，研发促进产业升级的重大关键技术。推动企业集群与农业科技推广体系合作，为农民专业合作社与基地农户提供社会化服务。

3. 完善与农户利益联结机制，在增强辐射带动能力上取得新突破。发展订单农业，逐步实行合同可追溯管理，使龙头企业与农户利益联结关系更加紧密。支持龙头企业与专业大户、家庭农场、合作社对接，鼓励企业创办领办合作社，也鼓励农户、家庭农场、合作社以资金、技术等入股龙头企业，形成产权联合的利益共同体。充分发挥龙头企业在农业社会化服务中的骨干作用。探索企业社会责任报告制度。

4. 大力推进科技创新，在提升龙头企业核心竞争力上取得新突破。鼓励龙头企业加大科研投入，支持引进国外先进技术和装备，消化吸收和掌握行业重大关键技术与核心工艺。鼓励龙头企业发展循环经济，大力开展节能减排。加强对龙头企业生产经营管理者与基地服务人员的技能培训，支持龙头企业为基地农户开展技术指导和培训。

5. 强化产业链构建，在推动产加销各环节融合发展上取得新突破。引导龙头企业建立完整产业链条，形成产加销一体化、质量安全水平高的优势产业体系。鼓励企业加大原料基地投入，建设高标准原料生产基地。支持龙头企业发展精深加工，延长产业链条，提高产品附加值。强化加工环节的标准化质量控制，将标准化管理延伸到流通领域，建立“从餐桌到田头”的质量可追溯机制。

（四）构建农业社会化服务新机制，培育发展多元化服务主体

1. 培育发展农业经营性服务组织。经营性服务组织是构建新型农业社会化服务体系的生力军。坚持“政府搭台、市场唱戏”原则，采取政府订购、定向委托、奖励补助、招投标等方式，引导农民合作社、专业服务公司、专业技术协会、农民经纪人、涉农企业等经营性服务组织参与公益性服务，开展病虫害统防统治、动物疫病防控、农田灌排、地膜覆盖和回收等生产性服务。建立健全经营性农业社会化服务的市场管理配套法规和政策，规范服务市场秩

序。加强服务组织诚信建设，加强农业生产性服务业数据信息监测统计。

2. 继续强化农业公益性服务体系。抓紧建立公共服务机构人员聘用制度，选择专业技术人员进入公共服务管理队伍。建立公益性服务人员工作考评制度，服务人员的工资报酬、晋职晋级、业务培训等与考评结果挂钩。全面推行以公益性服务人员包村联户（合作社、企业、基地等）为主要模式的工作责任制度，提升乡（镇）或区域性农业技术推广、动植物疫病防控、农产品质量监管等公共服务机构的服务能力。

3. 创新农业社会化服务对接机制。整合现有的涉农服务平台，形成工作合力。在县级搭建农业社会化服务供需对接平台，理顺公共部门条块分割体制，将技术指导、农产品营销、农资供应、土地流转、农机服务、疫病防控等服务统一纳入服务平台，并鼓励农机服务队、农资供应企业等服务组织加入。

4. 开展农业社会化服务示范县创建。探索推动农业社会化服务工作的有效机制，积极推广“专业服务公司＋合作社＋农户”、“村集体经济组织＋专业化服务队＋农户”、“涉农企业＋专家＋农户”等服务模式，注重提升示范引领效果，推动全国农业社会化服务体系建设迈上新台阶。

（五）推进农村产权制度改革，探索集体经济的有效实现形式

1. 强化农村集体“三资”管理。以清产核资、资产量化、股权管理为主要内容，加快推进农村集体“三资”管理制度化、规范化、信息化进程。指导各地健全农村集体财务预决算、收入管理、开支审批、资产台账和资源登记等制度，严格农村集体资产承包、租赁、处置和资源开发利用的民主程序，支持各地建设农村集体“三资”信息化监管平台。

2. 界定集体经济组织成员资格。在确保农村社会稳定的前提

下，审慎探索集体经济组织成员资格界定的原则、认定程序和具体办法，把农民群众认可和满意作为界定成员资格的唯一标准。推动集体经济组织立法进程，深入探讨农村集体经济组织的法人地位、成员资格、组织机构、资产管理和法律责任等问题。鼓励各地从实际出发制定相关法规规章。

3. 稳步推进农村集体产权制度改革。按照归属清晰、权能完整、流转顺畅、保护严格的要求，稳步推进以股份合作制为主要形式的农村集体产权制度改革，积极引导农村集体经济组织逐步实现市场化、股份化、实体化。将撤村建居的村、城中村、城郊村、集体净资产规模较大的村列为改革的重点，明确农村集体经济组织的管理决策机制、收益分配机制，健全保护农村集体经济组织及其成员利益的长效机制，构建完善的农村集体经济组织现代产权运行体制，实现集体资产保值增值。

4. 推动出台综合配套扶持政策。鼓励各地建立扶持农村集体经济组织发展的财政专项资金，重点对“薄弱村”发展集体经济给予支持。引导各地加大税收支持力度，对农村集体经济组织实行税收减免或返还，专项用于农村公共服务和公益事业建设。鼓励有条件的地方依托农村土地承包经营权流转服务中心或集体“三资”代理服务中心，探索建立农村集体产权交易平台。

积极推进新型城镇化的思考与建议

尹成杰

改革开放以来，我国城镇化进程加快推进，以平均每年一个百分点以上的速度发展。城镇化率从改革开放初期的17%到2012年的52.6%，城镇人口超过农村人口，城镇化进入快速发展的新阶段。党的十八届三中全会对新型城镇化做出了重要部署，提出坚持走中国特色新型城镇化道路。新型城镇化，就是推进以人为核心的城镇化，推动大中小城市和小城镇协调发展、产业和城镇融合发展，促进城镇化和新农村建设协调推进。

一、重要的战略基点与引擎

改革开放以来，我国经济实现了30多年来的高速发展。保持经济持续稳定发展、打造经济升级版，需要靠三驾马车：投资、消费和出口拉动。目前，国际经济下滑国外需求不足，虽然我国近几年投资力度不断加大，但投资与资金的实际需求还相差很大，因此需要通过新型城镇化来扩大内需。

1. 新型城镇化是释放需求的重要战略基点。加快我国经济发展，打造经济发展的升级版，必须坚持扩大内需的方针。扩大内需，中小城市建设是重点，农业农村是重点。改革开放30多年来，我国城镇化快速发展，但是中小城市和新农村发展缓慢，欠账较多。扩大内需无论是投资需求还是消费需求，都应把重点转向中小城市和农业农村。加快新型城镇化，是扩大内需、打造经济升级版的战略基点。新型城镇化，可以释放二元结构消费需求。一是释放城市自身的消费需求；二是由于城市与农业农村联系紧密，生产和市场与农业农民互为融合，因而推进新型城镇化，可以释放农村蕴藏的巨大消费需求。在投资需求方面，走新型城镇化的道路，加快推进中小城市、小城镇和社会主义新农村建设，特别是加强农村基础设施建设，加大农村教育、交通、电力和农田水利等基础建设投入，能够创造巨大的投资空间。在消费需求方面，大力开拓农村消费市场，把潜在的消费需求变为现实的消费需求，把国内丰富的工业品和商品变为满足农村居民消费的宝贵财富。

2. 新型城镇化是实现城乡一体化发展的重要途径。长期以来，我国城市与农村相互分割，形成了城乡二元结构。这不仅不利于农村发展，而且阻碍了经济社会全面、协调、可持续发展。要从根本上缓解和改变这一状况，实现城乡发展一体化，必须坚持走新型城镇化与社会主义新农村建设协调发展的路子，通过城市发展带动农村，通过农村繁荣进一步促进城市发展，形成城乡互动格局和良性循环。加快完善城乡发展一体化体制机制，着力在城乡规划、基础设施、公共服务等方面推进一体化，促进城乡要素平等交换和公共资源均衡配置，形成以工促农、以城带乡、工农互惠、城乡一体的新型工农、城乡关系。

3. 新型城镇化是我国农业现代化的重要引擎。目前，我国农业现代化仍然滞后于工业化、城镇化，突出表现是农业基础仍然薄弱，城乡居民收入差距仍然较大，“三农”短板现象仍然明显。农业现代化仍然是“四化”同步发展的重点和难点。充分发挥新型城镇化对农业现代化的重要引擎作用，大力推动新型城镇化与农业现代化相互协调，提升农业农村农民的自我发展能力。加快推进新型城镇化，能够有效带动农村富余劳动力转移就业，为发展农业适度规模经营，推动农业专业化、标准化、规模化、集约化生产创造有利条件。加快推进新型城镇化，可以通过拉动农产品需求、促进农民就业、建设新农村，有效拓宽农民收入渠道，实现 2020 年农村居民收入比 2010 年翻一番的目标。加快推进新型城市城镇化，彻底改变传统的农村土地、资本、劳动力等生产要素单向流动的发展模式，带动城市资金、技术、信息、人才等现代生产要素向农业农村领域延伸，实现城乡要素平等交换。

二、发展新型城镇化的基本前提

从世界城镇化发展的规律看，当城镇化率达到30%时，城镇化起步加快发展；达到50%时，进入快速发展期；达到75%时，进入平稳缓慢发展阶段。当前，我国城镇化已经进入快速发展期，也是国家粮食安全的关键期。离开国家粮食安全推进工业化、信息化、城镇化是不可持续的。因此，必须消除传统型城镇化对国家粮食安全的双重压力，关键在于探索一条新型城镇化道路。

发展新型城镇化道路的基本前提，是充分考虑国家耕地资源、淡水资源对城镇化的支撑能力，以确保国家粮食安全为基本前提。无论是工业化、信息化，还是城镇化，离开了国家粮食安全，都化不起来，也化不好。因此，要把维护国家粮食安全作为新型城镇化的基本前提。

坚持发展新型城镇化的基本前提，重要的是把握以下几点：一是发展新型城镇化不以牺牲农业资源为代价，从根本上改变滥占滥用耕地和淡水资源的状况，坚持严格的耕地保护制度和节约用地制度，坚持严格的淡水管理和使用制度；二是发展新型城镇化不以牺牲环境特别是农村生态环境为代价，从根本上改变破坏农业农村生态环境的状况，坚持城镇建设、农业基本建设和农村生态建设相结合；三是发展新型城镇化不以牺牲农民利益为代价，不能把土地城镇化和人口城镇化割裂开来，城镇化关键是人口的城镇化，城镇化的过程中要保护农民利益，要从根本上改变低价征收农民的耕地、宅基地的状况，坚持把城镇建设、新农村建设和新型农村社区建设统一起来。

三、转变城镇化的发展方式

推进新型城镇化必须大力转变城镇化的发展方式，走中国特色城镇化的发展道路。要改变传统城镇化的观念，树立新型城镇化协同发展的理念。

1. 坚持工业化、信息化、城镇化、农业现代化同步发展、统筹发展和协调发展。特别是始终要把农业现代化摆在“四化”同步发展的首要位置，进一步发挥工业化、信息化、城镇化对农业现代化的引领带动作用，严格控制城市占地规模，严格控制耕地和淡水资源的使用，坚持走出一条不以牺牲农业和粮食、生态和环境为代价的新型城市城镇化与农业现代化协调发展的路子，确保国家粮食安全和农村经济全面发展。

2. 把中小城市和小城镇作为新型城镇化的重点。中小城市和小城镇的发展空间大，城镇化成本相对较低，应把城镇化的重点放在中小城市和小城镇上，特别是要建设一批特色小镇。做好大中小城市和小城镇协调发展规划，优化生产力布局，引导一些产业从大中城市向中小城市转移，真正形成以大城市为龙头，以中小城市、小城镇为支撑，以农村新型社区为基础的中小城市城镇化格局。

3. 走就近就地新型城镇化的路子。我国农村人口数量庞大，单纯依靠大中城市吸纳，能力十分有限。小城镇离农村最近，应该把基础做好，发展好产业，使农民能够就近得到就业机会，既能减轻各种成本，又能缓解大城市的压力。加快小城镇建设和新农村建设，加快形成城乡一体化新格局，防止大量农村人口涌入城市，使农村人口就地实现城镇化。

4. 以发展城乡产业为基础大力发展县域经济。我国国土面积、人口、GDP 主要分布在县域。县域在发展现代农业中肩负着重要使命，在解决“三农”问题中处于关键地位。要立足于县域实际，放大特色优势，发展特色经济，加快培育支撑县域经济发展的支柱产业，形成县域内的产业聚集，以县城为中心带动城镇发展。

5. 努力实现城乡基本公共服务均等化。要加大统筹城乡发展力度，增强农村发展活力，逐步缩小城乡差距，促进城乡共同繁荣。要不断地推进新农村建设，加强中小城市、小城镇、新农村的基本公共服务。逐步将农民工纳入城镇公共服务范围，促进城乡之间教育、医疗、住房、就业、社会保障等方面与城镇居民享受同等待遇。

四、建立健全城镇化与农业现代化协同发展机制

解决国家粮食安全，必须大力推进现代农业建设，提高农业劳动生产率、土地产出率、资源利用率。关键是要建立健全城镇化与农业现代化相互协调的发展机制。

1. 建立城镇化和现代农业建设统筹规划机制。切实做好科学的发展规划，优化“城市圈—大城市—中小城市—小城镇—新农村”的布局。把中小城市、小城镇作为新型城镇化的重点，使农村人口就近就地城镇化，防止大量农村人口涌入城市。大力发展县域经济，培育支柱产业，形成县域内的产业聚集，突出区域特色和产业特色，做到城乡衔接、产业衔接，用城市带动新农村和现代农业建设。

2. 建立节约集约利用资源机制。新型城镇化要优先利用荒地，尽量不占或少占耕地。占补平衡，要先补后占，不仅要数量上平衡，还要质量有提升。坚持“两个最严格”制度，坚守耕地红线不动摇和最严格节约用水制度，严守 18 亿亩耕地和 16 亿亩粮田，优先保障人畜用水和农业用水。

3. 建立健全新型农业经营机制。大力扶持种粮大户、家庭农场、农民合作社、农业产业化龙头企业等新型经营主体发展，加大财政投入、税费减免、市场准入等支持力度。通过土地流转、股份合作等多种方式，推动农业的专业化、标准化、规模化、集约化发展。

4. 建立农业投入长效机制。我国农业生产进入高成本、高投入、高价格、高风险阶段。现有的强农惠农富农政策支持保障水平，已满足不了现代农业发展的需要。要加大农业投入力度，加强农业基础建设，提高农业综合生产能力、抗风险能力和可持续发展能力；加快农业科技研发和推广应用，促进现代农业要素与农业经营主体相结合。

5. 建立城乡要素自由流动和平等交换机制。改变农村土地、资本等生产要素单向流动，带动城市资金、技术、人才向农业农村领域延伸，实现城乡要素平等交换。商业银行吸收农村的存款重点要投向农村，支持有条件的合作社开展信用合作。加快发展农业保险，提高规避和管理农业风险的能力。

6. 建立农业科技创新与应用机制。把农业科技作为实现农业现代化的重要出路。加快农作物种业、农业机械、先进耕作和田间管理技术、农产品仓储和加工等科技研发，大力发展“一主多元”的社会化服务。

7. 建立农业保险发展机制。我国农业自然灾害多发重发、各种市场风险交织复杂。特别是随着农业投入要素和科技含量增加，规避自然风险和市场风险的要求越来越高。要把农业保险作为我国强农惠农富农政策的重要组成部分，加快农业保险机制创新，进一步扩大保险品种、提高补贴标准、完善保障制度，推动农业保险向适应现代农业发展的更高层次转变。

8. 建立促进人口城镇化机制。新型城镇化要从土地城镇化向人口城镇化转变，人口城镇化是城镇化的核心。要让农村人口转得出、留得住、能就业、有社保。要让转移人口、就地城镇化人口与城市居民一样，享受同等的就业、养老、医疗、教育、失业等社会福利和保障。

走中国特色新型城镇化道路需要关注和解决的若干重大问题

黄守宏

改革开放以来特别是进入21世纪以来，我国经历了世界历史上规模最大、速度最快的城镇化进程。城镇化率由1978年的17.92%提高到2012年的52.57%，年均增加1个百分点，是同期全球中低收入国家城镇化平均速度的两倍。我国城镇化的迅速发展，有力地促进了经济社会持续稳定发展，同时也存在着一些不容忽视的矛盾和问题。主要是：**名实不相符**，户籍人口城镇化率低于常住人口城镇化率；**人口不同步**，劳动人口城镇化快于整个人口城镇化，由此带来农村“三留守”现象突出；**人地不匹配**，土地城镇化快于人口城镇化，耕地资源占用过多；**结构不合理**，大中小城市和小城镇“大的太大、小的太小”；**区域不均衡**，东部地区城镇化快于中西部，不利于促进区域协调发展；**发展不集约**，资源环境代价较大。总体来看，过去这些年我国的城镇化是数量扩张为主的粗放型的发展方式，存在着不平衡、不协调、不可持续问题，亟待转型升级，提高城镇化发展的质量和效益。

目前，我国城镇化率刚刚超过52%，不仅明显低于发达国家近80%的水平，也低于许多同等发展阶段国家的水平，具有很大的发展潜力和空间。预计未来二三十年，我国城镇人口还将增加3亿左右。在深刻分析国内外城镇化发展经验教训和我国城镇化发展阶段性特征基础上，党的十八大明确提出了走中国特色新型城镇化道路的要求，党的十八届三中全会就建立健全相关推进和保障机制进行了全面部署。我们要认真贯彻这些要求，遵循城镇化发展规律，立足我国基本国情，坚持推进以人为核心的城镇化，完善城镇化健康发展体制机制，使市场在资源配置中起决定性作用和更好发挥政府作用，不断提高城镇化质量，促进城镇化持续健康发展，努力走出一条以人为本、集约高效、绿色智能、四化同步、城乡一体的中国特色新型城镇化道路。

一、有序推进农业转移人口市民化

新型城镇化的核心是农业转移人口市民化。但这件事相当复杂，要统筹兼顾、分类指导、循序渐进。要坚持推进户籍制度改革和基本公共服务均等化“两条腿”走路，促进农业转移人口逐步融入城镇。对户籍制度改革，国家已经制定了路线图，就是全面放开建制镇和小城市落户限制，有序放开中等城市落户限制，合理确定大城市落户条件，严格控制特大城市人口规模。城镇落户条件有宽有严、有松有紧，主要是着眼于合理引导农业转移人口预期和选择，鼓励向中小城市和小城镇转移，在不同城镇之间形成合理的人口分布格局。对于暂未获得城镇户籍的农业转移人口，要按照实现城镇基本公共服务常住人口全覆盖的要求，逐步使其与城镇居民一样享受义务教育、就业服务、社会保障、基本医疗、保障性住房等方面的基本公共服务。推进农业转移人口市民化，需要从国家层面上研究制定支持措施。根据党的十八届三中全会提出的关于建立财政转移支付同农业转移人口市民化挂钩机制的要求，可以借鉴一些地方的经验，探索实行“钱随人走”、“地随人走”等财政、土地、投融资政策，鼓励承载能力强、发展潜力大的中小城市和小城镇积极吸纳更多人口。

二、努力扩大城镇就业容量

就业是城镇化的前提和基础。没有就业容量扩大的城镇化，必定是空心的、畸形的、不可持续的。这些年，随着产业结构调整和升级，劳动密集型产业的比重在下降，城镇就业弹性在降低。同时，我国经济经过较长时间的高速增长，已进入中高速增长阶段，速度有所放缓。在二者的共同作用下，城镇就业增长速度趋于下降。推进新型城镇化，必须坚持就业优先，着力强化产业支撑，增强就业容纳能力。城镇要立足资源禀赋和比较优势，发展特色优势产业，改造提升传统产业，培育壮大新兴产业，打造产业集群，形成城镇之间各具特色、错位发展、优势互补的产业格局。城镇服务业发展潜力大、就业容量大，要作为重点来抓，加快发展适应产业转型升级要求的生产性服务业、适应消费升级和人口老龄化趋势的生活性服务业。要积极营造公平发展环境，支持中小企业特别是小微企业发展，鼓励各类民间资本投资兴业，支持非正规就业。要加强农民工职业技能培训，不断提高农民工的劳动技能和综合素质。

三、着力增强城镇公共产品供给能力

长期以来，城镇基础设施建设滞后，公共事业投入不足，公共产品存在着较大缺口。今后，城镇不仅要补上历史欠账，还要为新增人口提供公共产品和社会保障，需要大量的资金投入。据有关单位研究，城镇每容纳一个农业转移人口，约需要 10 万元成本，大城市更多。目前，城镇基础设施的投资主要是地方政府投资，其中70％左右来源于土地抵押融资。这种高度依赖土地财政的公共产品投入模式蕴藏着极大的风险，难以长久，必须通过改革创新，建立可持续的城镇公共产品投入机制。要在划分各级政府公共产品事权的基础上，明确中央、地方和城镇政府之间的财政支出责任，建立与城镇常住人口相匹配的公共财政转移支付制度和合理的成本分摊机制，增强城镇公共财政支撑能力。要建立透明规范的城市建设投融资机制，允许地方政府通过发债等多种方式拓宽城市建设融资渠道，同时放宽准入限制，允许社会资本通过特许经营等方式参与城市基础设施投资和运营，研究建立城市基础设施、住宅政策性金融机构，多渠道筹集公共产品投入资金。

四、大力促进中小城市发展

我国城镇人口分布应呈一个橄榄形，大城市和小城镇在城镇人口总量里应该是小部分，大部分人口应该集中在中小城市。现在大城市本身出现了城市病，小城镇在资源利用方面又不经济，所以中小城市应该是今后城镇化的主体和主要形态。要把支持中小城市发展放在新型城镇化的突出位置，推动形成合理分工、功能互补、集约发展的城镇体系。要调整公共资源的配置布局，改变目前按行政等级分配公共资源的问题，国家基础设施投资、重点项目布局、建设用地指标等要向中小城市和小城镇倾斜，推动城镇基本公共服务均等化。中小城市要加大改革力度，营造良好的投资环境，吸引更多的社会资本参与建设；立足自身优势，发展特色优势产业，增强就业容量。促进中小城市发展，重点应放在中西部地区，以推动城镇化合理布局和区域协调发展。

五、加快推进资源节约型和环境友好型城镇建设

我国是一个能源资源紧缺的国家，人均占有量远低于世界平均水平，人口城镇化又要消耗更多的能源资源。目前有很多能源和矿产资源主要依赖进口，不仅付出了巨大的代价，还蕴藏很大的风险。同时，我国环境污染和生态退化问题相当突出，特别是日益加剧的水资源短缺和大气、水、土壤等污染，已经危及到城乡居民的生产生活和身体健康。继续走高消耗、高排放和“先破坏后恢复、先污染后治理”的传统路子，不仅资源环境难以支撑，而且人民群众也不会满意。必须转变城镇发展方式，把生态文明理念和原则全面融入城镇化全过程，下大力气抓好资源节约和环境保护，健全并

严格执行各项制度，推进绿色发展、循环发展、低碳发展，形成绿色低碳的生产方式、生活方式和消费模式，建设天蓝、地绿、水净、人与自然和谐共融的美丽城镇。

六、切实增强农产品供给保障能力

农民转为市民，意味着消费农产品的数量会增加、质量要求会提高。农产品的供给保障能力是城镇化持续发展的重要支撑因素。历史上，国内外都曾出现过因农产品供给不足导致城镇化进程放缓甚至中断的情况。近些年来，随着大量农村人口转向城镇，农产品需求持续增加。虽然近些年我国粮食实现创历史纪录的“九连增”，但农产品供求仍有较大的缺口，不得不依靠进口来弥补。目前我国粮食自给率已低于 90%。在我们这样一个有着 13 亿多人口的大国，如果农产品自给率过低，会存在极大的风险，必须把立足点放在发展生产上。我国本来就人多地少水缺，城镇化还要占用一部分耕地，近些年又面临着农业生产成本上升、自然和市场风险加大、青壮年劳动力趋紧等制约，保障粮食等重要农产品持续稳定供给相当不易。要按照“四化”同步发展的要求，加快农业现代化步伐，不断增强农产品的供给保障能力。加大农业投入力度，加强农业基础设施建设，推进农业科技进步，构建新型农业生产经营体系，发展农业社会化服务和多种形式的规模经营，健全农业支持保护制度，调动农民积极性，不断提高土地产出率、资源利用率、劳动生产率。

七、积极促进城乡发展一体化

我国农村人口数量大，即使将来城镇化达到较高水平，还有几亿人要生活在农村。推进新型城镇化，既要让进城的农民逐步融入城市，也要让农村居民安居乐业。要加大城乡统筹力度，加快完善城化发展一体化体制机制，逐步缩小城乡发展差距。重点是两个方面：一方面，要促进公共资源在城乡均衡配置。统一城乡规划、基础设施建设、公共事业发展，坚持把国家基础设施建设和社会事业发展重点放在农村，使农民也能享受到与城市居民大致均等的基本公共服务。继续完善农村社会保障制度，逐步实现城乡制度并轨、水平标准统一。另一方面，要促进城乡要素平等交换。维护农民生产要素权益，保障农民同工同酬，保障农民公平分享土地增值收益，保障金融机构农村存款主要用于农业农村。同时，政府要通过财税政策等手段，建立健全有利于资源要素向农村配置的激励约束机制，引导资金、技术、人才、管理等向农村聚集。

探索山区现代农业发展之路

马正其

在工业化、城镇化深入发展中同步推进农业现代化，是党中央在新阶段、新形势下着眼经济社会发展全局作出的战略部署。近年来，重庆结合实际，充分挖掘资源优势，“唤醒沉睡的大山，激活沉寂的水面”，以特色为魂、以效益为纲，大力发展特色效益农业，趟出一条现代农业发展之路。

一、以结构调整为核心，彰显现代农业特色

农业现代化，是发展中国家提振经济的重要途径。重庆人多地少，农业人口 2 000 余万，人均耕地不足 1.2 亩，在这样的条件下发展现代农业，只能借鉴荷兰、日本为代表的国家现代农业发展经验，通过调整布局结构和产业结构，积极发展特色农业，大幅度提高土地生产率，促进农民收入增长。

实施布局结构调整。农业适度规模经营，是农业现代化的必然选择。立足家庭承包经营为基础、统分结合的双层经营机制，必须推动宏观区域布局上优势主导产业的规模经营，探索农民为主体的“大基地、小业主”模式。全市针对不同片区，完善发展规划，实施分类指导。在主城 8 区大力发展旅游观光农业和设施园艺农业，打造都市农业示范区；渝西 14 个区（县）突出发展“米袋子”、“菜篮子”和“果盘子”，打造现代农业示范带；在渝东北、渝东南“两翼”地区 17 个区（县）启动实施增收工程，倡导林禽、林畜、林果等 28 种增收模式，打造山地特色农业基地；实现了产业的集

中连片发展，形成较大规模的产业集中发展区。2012 年，全市农民人均纯收入达到 7 383 元，5 年年均增长 17.7%。

实施产业结构调整。在市场经济条件下，特色就是优势，特色就是卖点。发展特色农业，必须以产业结构调整为主线，充分挖掘资源禀赋，突出发展重点产业，做到人无我有、人有我优、人优我强。按照“一县一特”、“一乡一业”、“一村一品”的要求，全市重点发展粮油、柑橘、畜牧、蔬菜、渔业、林果、中药材、茶叶、花卉、蚕桑、烟叶等 11 大重点产业，支持各个区（县）结合实际发展2～3个特色主导产业。通过努力，全市建成 10 个国家重点产粮大县、24 个生猪调出大县、10 个柑橘重点区县、三大蔬菜产业带，实现了农业产业的成功转型，人均粮食占有量跃居西南第一，蔬菜、生猪价格近几年一直保持较低水平，建成全国最大的晚熟柑橘鲜销基地。

二、以产品质量为目标，提升现代农业层次

质量是产品的生命，是效益的前提。21 世纪的主导农业是生态农业，主导农产品是安全农产品。质量安全是农业产业发展的战略制高点，是农产品开发的最终生命线。随着全社会健康意识的增强以及讯息传播方式的扩张，农产品质量安全问题更加敏感，农业的质量安全风险显著增加。为此，重庆在提升现代农业层次中，将产品质量安全摆到了特别突出的位置。

注重品种改良。一粒种子可以改变整个世界。品种改良与创新，对现代农业发展至关重要。全市着力打造长江中上游和西南地区现代农作物种业发展中心，着力建设以生猪为主的全国畜禽良种供种高地，加快繁育推一体化步伐。根据特色效益农业发展需要，实施以种养业良种自主研发创新为中心、配套技术为载体的农业科技创新工程，规划建设一批良种繁育场，推动粮食生产向甜糯玉米、马铃薯、杂粮杂豆方向调整，生猪向生态猪、瘦肉型猪方向转

变，草食牲畜向肉牛、肉羊方向引导，水果向晚熟柑橘、高档水果方向转换，禽类向生态土鸡、珍稀肉鸡方向培育，力争5年内实现重点种养业良种更新换代一次。

注重产品安全。产地环境无污染、生产过程无公害、产品质量能保证，是安全农产品的显著特征。全市扎实推进农业标准化，重抓蔬菜、水果、茶叶标准园和畜禽养殖标准场、水产健康养殖场“三园两场”创建，建设粮食、柑橘、蔬菜、生猪等九大标准化生产示范区。建立投入品监管、农产品产地准出制度及“菜篮子”质量安全追溯管理信息系统，健全行政监管、检验检测、执法检查、技术支撑四大体系。全市建成16个国家级农业标准化示范县，在全市推行生猪、蔬菜、乳业农产品安全产业链监管模式，农产品抽样检测合格率居全国前列。

注重精深加工。积极发展农产品精深加工并形成第一、第二、第三产业良性互动机制，是现代农业发展的本质特征，是提升农业层次的内在要求，是增加农民收入的有效途径。全市围绕特色产业发展规划，大力扶持科技含量高、竞争能力强、带动作用大的农产品加工龙头企业，开展农产品精深加工，提高产品附加值。目前，全市区（县）级以上农业产业化龙头企业达到1 800家，销售收入达到1 500亿元，5年增长近6倍，重庆永辉超市、涪陵榨菜集团两家企业成功上市。完善龙头企业与农户的利益连接机制，推行“龙头企业＋专业合作社＋农户”经营模式，引导农民和农民专业合作社开展产地初级农产品加工。全市培育农民专业合作社1.6万个，1/3的农户入社。

三、以基础配套为重点，强化现代农业保障

用现代工业装备农业，从根本上改变农业的生产条件与生态环境，使农业逐步实现机械化、水利化、电气化、信息化、网络化，是提高农业劳动生产率、加快农业现代化进程的根本要求。

加快基础设施建设。针对重庆自然灾害频发、土地条件较差、农机水平低下的现状，全市在基础配套方面下了大工夫，提出“特色效益农业发展到哪里，基础设施就配套到哪里”的要求。全市深入推进水利投融资体制改革，5 年投入水利建设资金 490 亿元。充分整合农田水利、农综开发、国土整治、移民后扶、石漠化治理等方面资金，加快中低产田土改造，饮水安全、病险水库整治，改写了全市无大型农灌水库的历史，使农业生产能力得以显著提高。加强农村公路建设，实现乡通畅、村通达两个 100%目标。

加快农业机械推广。由机械操作代替人畜力作业，是提高农业生产效率的捷径，是农业现代化的标志。全市结合山区深丘的实际，积极探索有别于平原地区的丘陵山区农机化道路。重点开展南方丘陵山区微耕机系列产品研究生产，2012 年，全市微耕机产销量达到 100 万台，实现产值 50 亿元，成为全国微耕机生产的主要基地。重点推广适合丘陵山区特点的拖拉机、微耕机、插秧机、烘干机等小型农机具，积极发展农机专业合作社，全市农业耕种收综合机械化水平提高到 33%。

加快农业园区发展。建设现代农业园区，是转变农业发展方式、加快现代农业发展、增加农业经济效益的重要途径。为充分发挥农业园区对现代农业发展的示范、引领、带动作用，全市制定出台了扶持农业园区发展的特殊优惠政策。设立现代农业园区建设市级财政专项资金，按照高起点规划、高标准建设、高效益产出的要求，着力建设农业科技、农业旅游、生态农业、农产品加工等现代农业园区。目前，5 个国家现代农业示范区已经初具规模，48 个市级农业园区基本建成，农业园区的辐射带动能力逐步显现。

四、以市场营销为要务，引领现代农业方向

特色农业的兴衰取决于效益，现代农业的成败取决于市场。随着市场经济的日益完善，千家万户的提篮小卖难以融入千变万化的

现代流通。充分运用市场营销手段，助推优质农产品销售，引领农业产业发展，是政府不可推卸的责任。

着力完善市场。大中小完备、有形无形衔接的市场体系，是推动产品成为商品的重要载体。全市合理布局农产品市场，全力推进双福农贸城和5个区域性中心城市二级农产品批发市场建设，在各区县建设一批三级农产品批零兼营市场或特色市场，在优势产区建立采购中心，在销区建立配送中心和网络化连锁超市。建立200个农产品市场监测点和信息采集点，成立重庆农畜产品交易所和中国（荣昌）畜牧产品交易市场，建立网上展厅和网上农产品销售对接平台，生猪、金银花等农产品实现上线交易，开辟了义乌、上海等市外销售市场，基本确保了农产品顺产顺销。

着力举办展会。组织参展、签约订单，是现代市场营销的重要手段。在组织参加国际国内农产品展示展销活动的同时，每年由市政府与农业部共同主办重庆·中国西部国际农产品交易会，集中推销重庆及西部近5 000种特色农产品。西部农交会影响越来越广，在全国最具影响力的农业综合展会排名中名列前茅，搭建起了重庆农产品“进主城”、“走出去”的贸易平台。

着力打造品牌。通过打造知名品牌、进行品牌营销，利用品牌溢价效应提升产品附加值，是推动现代农业发展的有效动力。全市积极实施农业品牌战略，培育农业主体品牌，推进农产品品牌化发展。鼓励有条件的特色农产品注册商标和原产地标识，着力提高重庆地产农产品在国际国内市场的信誉度和知名度。目前，重庆柑橘、重庆牛羊、涪陵榨菜、江津花椒、派森百果汁、城口山地鸡、秀山金银花、三峡有机鱼、“石柱红”辣椒、“潼南绿”蔬菜等，已在国内外市场占有一席之地，正向国内外知名品牌迈进。

科学认识转基因

薛　亮

转基因产品自 1996 年在世界上开始商业化利用，进入了人类的食物链。当前我国已成为转基因大豆进口大国，转基因食品与我国人民的关系越来越密切了，也成了中国全社会关注的焦点。生物技术是一项新兴的前沿科学，转基因技术是生物技术的核心内容，自从其商业化应用以来，世界上就一直存在支持和反对两种截然不同的观点。我作为一个非生物专业人士，从基础知识开始学习，逐步加深了对转基因问题的了解和认识。

一、转基因与食物安全问题

这个问题是当前公众最关心的问题，实际上也是转基因产品进入商业化食用领域过程中科学家最先关注的问题。

首先，从原理上看。基因是什么？从 19 世纪中叶奥地利科学家孟德尔开始，科学家对生物遗传进行了持续的探索，到 1953 年美国科学家沃森和英国科学家克里克提出了 DNA 分子的双螺旋模型，科学家终于从分子化学结构上阐明了基因的遗传原理，即：基因是携带遗传信息的 DNA 片段，是控制生物性状的基本遗传单位；DNA 是一种存在于细胞核里被称为脱氧核糖核酸的大分子物质，由两条脱氧核苷酸链组成，呈双螺旋结构，基因就由 A、G、T、C 4 种碱基两两配对排列其上。在细胞分裂的过程中，通过 DNA 复制基因把遗传信息传递给下一代，同时 DNA 又指导蛋白质合成和表达，最终决定生物的特征特性。

基因的一个基本的特点是忠实地复制自己，然而在自然界的大千世界中，基因的转移、重组、融合也是时刻发生的，植物界的异花授粉就是物种内基因转移的典型现象，生物界因而处于千变万化之中。这种自然的基因转移，一般只能在物种内发生，人们利用这种生物特性，有意识、有选择地进行基因转移，也就是传统的人工选育和杂交育种。

自然界也天然存在物种间转基因的特例现象，科学家发现在土壤中有一类被称作农杆菌的细菌，可以把它们一种促生长的质粒基因插入到植物的 DNA 分子上，使寄主植物长出奇形怪状的肿块，这就是植物接受外源基因的典型例子。这一发现，为之后作物转基因技术的发展提供了基础和工具。20 世纪 80 年代以后最初培育的转基因作物就使用了这个媒介，即先把目标基因拼接到农杆菌里，再让农杆菌把目标基因转到作物中去。转基因技术发明后，人们则可以不受生物种间亲缘关系的限制，打破不同物种间的屏障，按照育种的要求直接实现基因转移。

由此可见，所有生物的 DNA 都是由相同的 4 种碱基组成，在分子化学成分上是完全一致的。无论是自然转移的基因，还是用转基因技术转移的基因并无差别，因此，食物中的转基因 DNA 本身不存在安全性问题。但是，为了保证引入的外源基因的功能也是安全的，对所有转基因作物都要进行三个环节的严格审查和验证。一是在最初阶段就要对拟转入的外源基因进行各种毒理试验，包括对人的毒性、致病、过敏等实验；二是在中间试验相应阶段，对基因导入后的作物进行各项安全试验；三是对所形成的食物，再按与非转基因食品同样的食品安全的标准进行检验和审查，符合上述试验安全标准的即为安全食品。从实际看，转基因食品自进入商业应用以来，已有几十亿人次食用几千种转基因食品的案例，至今未发生一例不良反应。因此，从原理、检验、应用三方面看，可以确定批准上市的转基因食物是安全的。

人们担心虫子吃了转入了抗虫基因的作物会死，人吃这样的食物安全吗？我国已经用于生产的主要是抗虫棉中的 Bt 抗虫基因。自然界中，一些植物会产生天然的杀虫剂或驱虫剂，现在我们用于抗虫的 Bt 基因，它就是自然微生物苏云金芽孢杆菌（Bt 是其拉丁学名的简称）含有的基因，编码产生一种高度专一的杀虫蛋白，只能与鳞翅目、鞘翅目等害虫肠道上皮细胞的特异性受体结合，引起害虫中肠麻痹而死亡。由此，有的科学家把它称之为针对鳞翅目等害虫而言的“毒蛋白”，而哺乳动物、包括人类肠道上皮细胞没有这种蛋白的结合点，因此对于人来说不是毒蛋白，而是普通的蛋白，不会造成伤害。人类在 100 多年之前发现了它，Bt 制剂作为生物杀虫剂使用也有 70 多年了，欧美都把它作为有机食品生产的生物农药使用。只是现在有了转基因技术，可以把 Bt 基因直接转到作物中，害虫只要咬食了植株就会死亡。人们食用、使用转 Bt 基因的玉米、棉花产品，从未发现有不良反应。可见，无论在原理上还是实践上 Bt 抗虫基因对人都是无害的。

人们的担心还有一个误区，就是既然基因是行使遗传功能的，那么人吃了转基因食品会不会发生遗传性问题？一系列与遗传相关的疑问可能就是由此而来。第一，植物与人跨了植物与动物两个界了，植物基因在自然状态下根本不可能与动物基因发生转移或互换。第二，基因的复制遗传是在细胞分裂过程中进行的，当作物的籽粒经过加工成为熟食物后，它的生物活性就终止了，基因不可能再发挥功能，而只是和蛋白质组合在一起作为一种营养物质存在，进入人的胃肠后降解变成氨基酸被消化吸收了。第三，人的所有遗传性状只能通过人的有性繁殖来遗传，人体细胞不会直接吸收、利用外源基因，不要说已经变成了食物的植物基因，就是人自身的基因，也不可能通过吃到肚子里实现遗传。因此，从生物学原理上就回答了上述担心是不必要的、是没有根据的。

二、转基因与环境安全问题

转基因育种对生态环境会产生什么样的影响，这也是科学家在转基因技术一问世就予以关注的问题。转基因作物已被证实的具有可以减少农药残留对环境的危害、减少对自然资源的过度使用等正面影响；而质疑的观点认为，转基因植物中有关基因有可能漂移扩散而产生抗性进化的“超级杂草”，也可能导致昆虫对杀虫蛋白产生抗性而产生新的害虫，并对长期的生物多样性造成不利影响，从而存在对生态环境的隐患。由此可见，转基因作物目前已知的积极作用是显见的，但是它对整个生态系统正面或负面的影响是十分复杂的，而且确需一个较长时期的监测才能说明，它的复杂性甚至超过对食物安全的评价。

实际上，自有人类以来，人的活动就对生态环境和生物多样性产生了干扰和影响，就没有了纯粹的自然生态平衡，人类对自然的利用永远不会停止，生态平衡永远处在一个相对的、动态的过程中。根据历史的经验教训和风险管理的原则，所有对自然新的利用都应当做到以下两条：一是认真客观地分析对生态环境产生的影响；二是提出防范、消除生态风险的路径和措施。目前科学家已经和正在做的主要有以下几项：

1. 转基因抗虫作物对非靶标生物的影响。经过大量实验室试验和田间观察实验证明，Bt 杀虫蛋白对非靶标昆虫及害虫天敌均无直接毒性；转基因抗虫玉米和棉花田与非转基因田的昆虫和天敌种群密度没有差异；而与施用农药的非转基因玉米和棉花田相比，转基因抗虫作物能显著提高生物种群的密度。

2. 抗虫棉对农田生物结构的影响。我国科学家对抗虫棉田间生物群落进行了持续观察研究，发现：抗虫棉的长期种植不但有效控制了棉田棉铃虫的发生，还明显降低了棉铃虫在小麦、玉米、花生等其他寄主作物上的危害。然而也有一些原来发生不严重的害虫如盲蝽象壮大起来，成为棉田主要害虫。由此说明，农田害虫防治是一项综合的动态过程，转基因作物也需要不断更新和与其他防治措施有机结合。

3. 靶标害虫抗性进化的风险。与一切杀虫措施一样，理论上也会有极少量害虫对 Bt 杀虫蛋白产生抗性而存活下来，并繁殖扩大。对此，科学家提出了有针对性的防控措施，一是在作物中转入多个对靶标害虫对其不具有交互抗性的抗虫基因；二是种植一定比例的非转基因同类作物庇护带，一旦产生少量 Bt 抗性害虫，与非转基因田中的害虫杂合后，后代抗性稀释而使抗性害虫灭绝。

4. 基因漂移的风险。与其他植物一样，转基因作物基因漂移的可能与风险是存在的，它可能产生两种生态后果：一是使野生近缘种植物含有外源基因，影响它的遗传完整性；二是野生近缘种或杂草获得抗性基因，演变成难以防治的害草。防范的对策：对野生种质资源主要采取隔离保护；对高抗性杂草或“超级杂草”，它的产生需要一个较长的过程，一旦发现有此迹象，采取改换转基因作物和除草剂类型就可将其消灭。

综上所述，至今为止种植转基因作物对生态平衡和生物多样性没有产生负面影响，目前预计到的生态风险是可防可控的。

三、农业转基因的安全管理

转基因技术一开始进入商业应用就是在相关国家政府的严格监管下进行的，在管理方式上各国存在明显的差异，但有关生物安全的国际间协调在不断进行，已经达成了一些共识性文件。

美国早在 1976 年就制定了《重组 DNA 分子研究准则》，1986 年颁布了《生物技术法规协调框架》，明确对转基因生物安全管理是依据现行法律，分别由农业部（USDA）、环境保护署（EPA）、食品药品管理局（FDA）三个机构负责，按科学原则和个案原则进行评估和审批。对转基因食品采取自愿标识原则，如果经审查转基因食品与常规食品在成分组成、营养、毒性、过敏性等方面没有不同，则无需标识。美国是世界上转基因技术研发领先的大国，也是转基因食品生产和应用的大国。2012 年，有 28 个国家种植转基因作物共 1.7 亿公顷，其中美国为 6 950 万公顷，占 41%。按种植面积计算，美国种植的 88%的玉米、94%的棉花、93%的大豆、93%的油菜、97%以上的甜菜，都是转基因品种。联合国粮农组织（FAO）的食物平衡表最新数据显示，美国当年生产大豆的 72%、玉米的 68%、甜菜的 99%供国内食用。据估计，美国超市的包装食品中约 70%含有转基因成分。

欧盟各国是对转基因生物安全管理比较严格的国家，欧盟于 1990 年开始陆续制定了十几个主要法规。欧盟对转基因食品实行标识管理，规定食品和饲料中转基因生物成分超过 0.9%必须标识。欧盟各成员有的直接应用欧盟法规，有的依据这些法规制定本国的适用法规。欧盟国家对转基因产品的进口控制较严，除多种原因外，贸易保护是一个重要因素，欧盟国家粮食自给有余，用转基因技术提高产量的迫切性不强，同时又要抵御美国转基因农产品的进口。即便如此，2012 年欧盟 5 个成员共种植了 Bt 玉米 12.9 万公顷，欧盟已批准 30 多种转基因农产品进口，大部分可用于食物用途，特别是欧盟生物科学研究始终保持较高的水平。

日本是转基因生物安全管理比较严格、规范和完善的国家，其生物安全法规涵盖实验室、环境、食品和食品标识 4 个方面，由文部省、农林水产省、厚生省分工管理。日本的农产品在很大程度上依靠进口，对通过了环境安全评价和食品或饲料安全评价的转基因产品，则可以进行商业化应用。规定对转基因产品中转基因成分超过 5%的必须进行标识，列入强制性标识目录的现有 24 种产品。日本连续多年都是全球最大的玉米进口国、第三大大豆进口国，2010 年日本进口了 1 434.3 万吨美国玉米、234.7 万吨美国大豆，其中大部分是转基因品种。

我国政府十分重视转基因生物安全管理问题。我国从 1993 年开始制定有关管理办法，1996 年农业部发布了《农业生物基因工程安全管理实施办法》，开始实施管理。进入 21 世纪，相关立法逐步健全，可以概括为 1 个条例、5 个规章、4 项制度、3 个技术机构。制定 1 个条例：2001 年国务院发布了《农业转基因生物安全管理条例》。制定 5 个规章：2002 年农业部发布了农业转基因生物的安全评价管理办法、标识管理办法、进口安全管理办法、加工许可办法，2004 年国家质量监督检验检疫总局发布了《进出境转基因产品检验检疫管理办法》。建立 4 项制度：部际联席会议制度，安全评价管理制度，标识管理制度，进口安全管理制度。建立 3 个技术机构：国家农业转基因生物安全委员会，国家农业转基因生物安全评价与检定中心，全国农业转基因生物安全管理标准化技术委员会。

到目前为止，我国共批准发放 7 种转基因植物的农业转基因生物安全证书，但国内商业化种植的只有转基因抗虫棉花和转基因番木瓜。我国先后批准了转基因棉花、转基因大豆、转基因玉米、转基因油菜籽、转基因甜菜等 5 类 20 多种农产品的进口安全证书，除棉花外，进口转基因大豆、玉米、油菜籽、甜菜的用途仅限于加工原料。2012 年我国大豆进口量为 5 838 万吨，绝大部分为转基因大豆。

四、认识转基因问题的思想方法

生物工程及转基因技术是一项前沿科学，方兴未艾，我们对于它的认识也必将随着科学的发展而逐步深化，这里一个重要的问题就是要用科学的思想方法去认识科学问题。我认为当前社会上对转基因问题的各种疑虑，一是由于对转基因的不了解，二是思想方法有偏差。

1.“实质等同”是转基因生物安全评价的可行原则。关于转基因生物和食品的安全性评价，目前，不少国家所接受和采用的是

“实质等同”原则。2000年联合国粮农组织/世界卫生组织（FAO/WHO）联席会议将“实质等同”定义为，转基因生物与自然存在的传统生物在相同条件下进行性状表现的比较，如果实质上是相同的，即应同样对待，视为安全。人们对转基因食品不管有多少争论，一个客观事实是，它已经进入了人类的食物链，因此必须要有一个标准来把关。“实质等同”从法律上看，是一个具有公正性和相对性的原则；从实践上看，是可操作的；从科学上看，也是可验证的。因此，经过政府部门和相关技术机构按照国家食品安全的标准，进行验证、审查和批准允许上市销售的转基因食品，就是与其他食品一样安全的食品。当然，通过建立标识制度，消费者有自主选择权。

2. 如何思考有人提出吃了转基因食品未来会不会出现何种问题的疑问。我认为：第一，对事物的评价，只能以历史和现实的具有确定性的经验和数据为依据和标准，而无法以对未来尚不确定的预测或怀疑来衡量。第二，对转基因作物已经进行的各项安全性试验，不仅是对现实也是对未来风险的防范。第三，对于未来预测的问题，应依据科学原理推测，而不是随意猜想；对需要长期数据来证明的性状，只能由生物技术在今后的发展和实践来验证。第四，人不能超越时代，相对于历史发展来说，科学结论永远是相对的，人生活在当代，应当尊重当代科学所达到的高度。

3. 对食品安全不能要求零风险。世界上没有绝对的东西，食品安全同样没有绝对安全，没有零风险。人类食用了千百年的一些传统食物，对某些人会产生过敏、不适等不良反应，对同一个人在其身体状况有变化的某些时候，也可能发生不良反应，但是人们认为它总体上是安全的。食物中所含所有已知的不利元素，包括外源的化学残留，在食品标准中都有量的规定（允许量的安全冗余通常在其100倍以上），在允许量的范围内，对人体的影响微乎其微或没有影响，就是安全的。因此，不能用绝对的思维来理解安全。只要通过了安全检验的食品，就是安全的。

4. 转基因技术是一项中性技术，安全不安全关键在于转入什么基因，表达产物是什么，如何监管。从我国的法规来看，转基因植物在科研阶段，就要分为实验研究、中间试验、环境释放、生产性试验和申领安全证书5个阶段进行安全评价，合计需要10年左右，再加上进入生产阶段品种审定、生产许可审批至少还需3～5年，进入食品范畴还要进行食品标准的审批。在这样一个长过程内，在任何一个阶段，发现任何一个对健康和环境不安全的问题，都将立即终止试验，消除风险。可见转基因作物对人类健康和对环境的风险，是掌握在可控范围之内的。

5. 对生物技术的研究决不能"作茧自缚"，自乱阵脚，而必须迎头赶上。生物技术是当今世界科研领域最重要的前沿科技之一，对于我国这样一个人口大国保证未来的食物安全具有十分重要的战略意义。美国是世界上农业生物技术最发达的国家，孟山都公司在转基因作物育种和产业化上在全球遥遥领先。美国等国拥有全球主要农作物80%以上的基因专利，我国已获得的农作物基因专利仅为美国的1/10。2008—2012年，国家对转基因生物研究重大专项共投入50多亿元，平均每年10多亿元，而孟山都公司的种业年度研发经费就近15亿美元。

由此可见，转基因技术及其产业化，不管公众对它的认识程度如何，它以对解决人类食物需求的技术优势和经济优势而迅速发展，国际跨国公司也绝不会因中国社会对转基因争论不休而放慢它在全球扩展的步伐。如果我国在农业生物技术的科研和技术开发上不加快发展，就会与世界先进水平的差距进一步拉大，未来大跨国公司占领我国种业市场的危险是极具可能的。对此我们必须有强烈的危机意识和战略意识，我国对生物技术的科学研究决不能放松，生物育种产业作为战略性新兴产业的地位决不能动摇，必须进一步加大投入，加快发展。

6. 相信科学，相信科学家。现在公众对转基因的恐惧来自一是被某些人妖魔化了，二是"怀疑一切"。生物技术是一项前沿科学，专业性很强，现在能够进入生产和商业化应用的转基因产品，都是经过充分科学试验和严格评价审查的。每一个人不可能都成为生物技术方面的专家，每一个人也不可能成为所有学科的专家。我们必须相信科学，相信科技进步，相信成千上万科学家呕心沥血的科研成果，尊重科学应当是一个成熟社会的基本要素和重要标志。

最后总结一下，通过学习我认识到：

第一，农业转基因技术可以更有效地实现人们对农业育种和农产品的多方面要求，是解决人类未来食物需求的重要技术途径。

第二，经批准上市的转基因食品，通过从转基因作物培育开始全过程各阶段的安全检验和评价，因而对人的健康是安全的。

第三，经批准进入商业化生产的转基因作物对生态未产生负面影响，对所预计的生态风险是可防可控的，因而对环境是安全的。

第四，转基因作物已经证实的优势，说明用相对好的、相对损害小的技术来替代原有相对损害大的技术，完全符合科技进步的要求和规律，应当积极推进。

第五，转基因技术是一项中性技术，本身不存在好坏、安全与否问题，要把对转基因技术的争论转到进一步健全对转基因产品的监管上来。

第六，生物技术是一项新兴的前沿科学，我国只有抢占生物技术的制高点，才能在未来农业发展中掌握主动权，必须进一步加快农业生物技术的发展。

新型城镇化与农民工市民化

江泽林

党的十八届三中全会指出，城乡二元结构是制约城乡发展一体化的主要障碍，并要求完善城镇化健康发展体制机制，推进以人为核心的城镇化。当前，推进以人为核心的城镇化，重点和难点在于解决2亿多农民工的市民化问题。这不仅关乎新型城镇化的实际进程和发展质量，也是新形势下破解城乡二元结构、全面深化改革的重要战略举措。

一、农民工市民化是新型城镇化的自然过程和特征体现

（一）城镇化的含义

城镇化是一个经济现象，也是一个社会现象。城镇化概念在1858年马克思的《政治经济学批判》中就出现过，在谈及城乡分离和城市发展时，他提出"现代的历史是乡村城市化，而不像在古代那样，是城市乡村化"。1867年，西班牙工程师A. Serda在《城市化基本原理》中开始使用城市化（Urbanization）一词。此后，一些学者又丰富了城镇化的内涵，其基本内容有3个方面：

1. 人口集中。城镇化的直接表现形式就是农村人口向城镇集中。在此过程中农村人口比重减少，农民成为产业工人或以其他方式成为城市居民。从发达国家的城镇化历程看，工业革命推动机器大工业发展，吸引了大量人口向新兴工业城市集中，城市外围郊区

和农村人口减少，城镇化开始兴起。英国还出台《贫民救济法案》，通过改善卫生、解决住房等加快人口向城镇集中，到 19 世纪末城镇化率已达 70%以上。而发展中国家由于工业化水平较低，农村劳动力大量富余，同时受全球经济一体化影响，城镇化道路呈多元发展。一些地区城市人口膨胀，经济社会环境恶化，出现“过度城镇化”。我国城镇化经历了长期探索，总体上滞后于工业化。

2. 产业集聚。产业发展集聚是城镇化演进的重要基础。随着人口向城镇集中，同时同向的是产业集聚，带动整个经济重心向城镇转移，其根本标志就是农业比重的下降和非农产业比重的上升，即产业结构升级。在发展初期，农业进步、农业生产率提高是城镇化发展的推动力，随着机器大工业体系的建立，原来分散的手工生产方式和农村经济发生根本变化，促进了非农产业经济活动的集中。随着第三产业发展，城市与区域之间形成整体性有机联系，高技术产业成为经济增长和城市发展的新动力。由于产业链延伸及产业相互支撑，城镇日益成为新型产业及相关服务业的集聚地。

3. 资源集合。城镇化的结果是社会资源向城镇集合。产业的集聚和人口的集中，使经济发展的重心逐步从农村向城镇转移。作为生产的主体，这些转移人口往往具有较高的产业素质，进入城市后又创造着新的生活方式，使社会活动重心向城镇转移。由于教育、医疗、卫生等公益服务的需求，社会资源不断向城镇集合。总体来说，城镇化不是简单的人口向城镇集中，它是以产业发展和升级为基础的社会变迁，是社会发展的自然过程，这一过程本身也体现着社会的整体进步。

（二）新型城镇化的发展理念

党的十七大提出，要“走中国特色城镇化道路，促进大中小城市和小城镇协调发展，以特大城市为依托，形成辐射作用大的城市群，培育新的经济增长极”，确定了我国城镇化的空间布局。党的十八大提出了新型城镇化思想，要求推进“四化”协调互动，提高城镇化质量。党的十八届三中全会进一步指出，“推进城乡要素平等交换和公共资源均衡配置，完善城镇化健康发展体制机制。让广大农民平等参与现代化进程、共同分享现代化成果。”这是新形势下推进新型城镇化的基本要求。

新型城镇化的理念主要可归纳为4个方面：一是工业化、信息化、城镇化、农业现代化“四化”协调互动，通过产业发展和科技进步推动产业集聚促进产城融合，实现城乡统筹发展；二是人口、经济、资源和环境相协调，把生态文明融入城镇化全过程，倡导集约、智能、绿色、低碳的发展方式，突出代际公平和可持续发展；三是构建与区域经济和产业布局紧密衔接的城镇格局，以城市群为主体形态，大中小城市与小城镇、新型农村社区协调发展，提高城镇综合承载能力；四是实现人的全面发展，破解城乡二元体制，推进农民工市民化和公共服务均等化，创新社会管理服务。

简言之，新型城镇化的“新”就是要由追求城市规模和空间扩张，转变为以提升城镇发展内涵、均衡配置公共服务为中心，真正使城镇成为具有较高品质的适宜人居之所。新型城镇化的核心是完成农民工的市民化，是实现城乡统筹、产城互动、节约集约、生态宜居的城镇化，是公共服务均等、改革红利城乡共享的城镇化。

（三）新型城镇化的价值取向

新型城镇化的价值基础在于坚持以人为本，聚合城乡优势，使全民共享城镇化发展成果。在城镇化初期，以城镇对农业经济社会的延伸、补充和提升为主，初级发展层次上的城乡互动共赢是其基本特征；城镇化中期，城市相对独立于农村之外急速发展，经济社会资源大规模向城市集聚，在城市辐射带动功能不断增强的同时带来城乡分割；城镇化后期，城市资源要素溢出，出现城市向农村的空间扩张和要素扩散，城乡融合更加明显。人类社会的发展历程表明，城镇化从根本上改变并创造新的生产生活，不断集聚集成、提升创新优质的经济社会要素，促进生产力进步、经济规模扩大和社会财富积累，推动了人类文明进步。新型城镇化的价值就是要让城乡居民通过这一过程共享现代文明发展的成果。

二、城镇化进程中的人口流动过程与规律

农民市民化是人类社会发展的共同规律。城镇化的演进规律表明，城镇化必然发生农村劳动力转移，城镇化的过程，就是农民进入城镇就业并融入城镇生活的过程。

（一）农民工市民化的动力机制

工业化的发展带来生产规模化，创造了大量新的就业机会，为农业劳动力进入工业部门提供了可能。工业化带来的技术革命，使农业劳动生产率迅速提高，单位土地边际报酬递减，农业劳动力出现过剩，客观上要求剩余劳动力转移就业。社会分工的发展，既要求人口流动来保证劳动职能的不同组合，也要求人口流动来实现劳动者与劳动职能的优化配置。工业化带来生产规模的扩大和集中，推动了城镇化进程，城镇化为工业化发展提供生产要素和生产、交换、分配和消费的场所，工业化通过城镇化达到农民工市民化的目的。

（二）农民工是我国城镇化进程中的特殊现象

“农民工”一词首次出现在1984年《社会学杂志》中，这一概念是指户籍在农村，但主要在城镇从事非农产业的劳动人口。农民工市民化是指已进入城市务工的农村人口在职业身份转变的基础上，实现居住地域、生活方式及行为模式的转变，即职业与社会身份的双转变。西方国家的工业化与城镇化过程基本同步，农民职业转变与身份转变同时完成。而我国由于城镇化滞后于工业化，加之城乡二元结构的一系列制度障碍，使农业劳动力转移到城市只实现了职业转变，并未实现身份的同步转变，因而出现农民工这一特殊现象。

（三）劳动力流动的基本规律

在市场经济环境下，劳动力流动有两条基本规律：第一，劳动力总是从价格低的地方流入价格高的地方；第二，流动人口的经济活动能力高于流出地人口的平均水平。我国的农民工监测数据印证了这一规律：随着经济快速发展，全国农民工总量逐年增长，2012年达到2.62亿人，其中外出农民工1.63亿人，到省外打工的占大多数（见表1）。农民工就业分布主要在长三角、珠三角经济发达省份（见图1），表明人口流动的经济收入取向。流出人口的年龄分布以年轻群体为主，具有较强经济活动能力（见表2）。因此，只要存在城乡收入差距，进城务工存在利润空间，农民进城的趋势就不会减弱，这是经济规律决定的。

表1　我国农民工数量

单位：万人

	2008年	2009年	2010年	2011年	2012年
农民工总量	22 542	22 978	24 223	25 278	26 261
1. 外出农民工	14 041	14 533	15 335	15 863	16 336
（1）住户中外出农民工	11 182	11 567	12 264	12 584	12 961
（2）举家外出农民工	2 859	2 966	3 071	3 279	3 375
2. 本地农民工	8 501	8 445	8 888	9 415	9 925

数据来源：国家统计局历年《农民工监测报告》

表2　我国农民工年龄构成

单位：%

	2008年	2009年	2010年	2011年	2012年
16～20岁	10.7	8.5	6.5	6.3	4.9
21～30岁	35.3	35.8	35.9	32.7	31.9
31～40岁	24.0	23.6	23.5	22.7	22.5
41～50岁	18.6	19.9	21.2	24.0	25.6
50岁以上	11.4	12.2	12.9	14.3	15.1

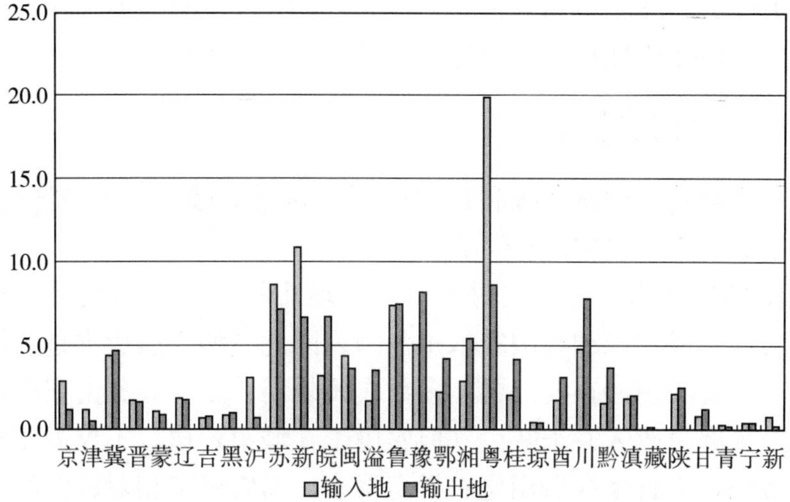

图 1　2012 年农民工输入地与输出地分布（%）

三、农民工市民化的障碍分析

城乡二元结构是制约农民工市民化的主要障碍，以城乡二元结构为核心的一系列安排，在制度、经济、技术、文化等层面上进一步加剧了农民工市民化的转换难度。

（一）户籍制度障碍

城乡分割的户籍制度是影响农民工市民化进程的核心问题之一。户籍制度人为地把城乡人口分割成两个社会阶层，把农民禁锢于土地之上，从根本上阻止了农村剩余劳动力向城市流动，造成了城乡分治局面。由于城市的教育、卫生、住房、社会保障等公共服务的资源配置依据城镇户籍人口规划提供，导致即使已进城多年、已改变职业身份的农民工，由于户籍性质的差别，仍然被排斥在城市管理体制之外。近年来，各地陆续开始户籍制度改革，放宽城市准入门槛，但许多制度安排仍立足于原有的城乡二元户籍管理，使农民工无法享受城市同等待遇，“同工不同时、同工不同酬、同工不同权”现象依然存在，阻碍了农民工市民化进程。

（二）经济障碍

与户籍挂钩的城乡福利差别进一步固化了城乡二元经济结构，增加了农民工市民化的转换成本。

1. 定居成本。我国农村人口流往城市被定义为自发性流动迁移，其迁移成本未纳入国家承担范围。因此进城定居成本是农民工迁移时需要考虑的首要问题。多数农民外出打工，农务由家庭成员替代，家庭总收入并未减少。但农民工在城市定居，不仅需要支付转移费用，而且生存费用比农村高得多。而农民工相对较低的收入加大了其在城市定居的难度。国家统计局的一项抽样调查表明：13.2%的农民工入不敷出，63.2%的人勉强生存。这样的经济收入水平不足以支撑其家庭在城市定居的成本。

2. 土地束缚。由于承包地不具有产权属性，不能买卖，土地流转又具有暂时性特点，难以实现土地的大规模集中。土地的分散经营不利于农业的规模化、集约化和现代化，难以吸引大量资本对土地进行长期有效投入。农业难以产业化，又束缚着大量农民滞留在土地上。在目前土地制度下，农民工要想真正实现向城市的永久性迁移，就必须无偿放弃在农村承包的土地，这不符合进城农民的利益诉求，直接影响农民工的迁移倾向。

3. 就业歧视。新中国成立初期，我国就建立起城市居民优先就业的劳动就业制度。改革开放后，随着人口流动和迁移政策的逐步放宽，大量农村剩余劳动力进入城市，一定程度上冲击着二元结构体制。近年来，由于中央对农民工问题的高度重视以及相关文件的出台，各级政府开始考虑进城农民工的平等就业权问题。但目前对农民工就业的各种歧视性规定仍然存在，降低了农民工在城市的发展空间和就业预期。

4. 社会保障。我国城镇居民社会保障体系由基本养老保险、基本医疗保障、失业保险和最低生活保障为主体，保障水平较高。而农民的社会保障体系主要包括农村养老保险、农村合作医疗和五保户制度。随着家庭联产承包责任制的实施，农村社会保障逐渐弱化。农村社保体系不健全，农民工又难以纳入城市社保体系（见表3），使进城农民工处于“随时面临生产无着”的状况。

表3　我国农民工参加社会保障的比例

单位：%

	2008年	2009年	2010年	2011年	2012年
养老保险	9.8	7.6	9.5	13.9	14.3
工伤保险	24.1	21.8	24.1	23.6	24.0
医疗保险	13.1	12.2	14.3	16.7	16.9
失业保险	3.7	3.9	4.9	8.0	8.4
生育保险	2.0	2.4	2.9	5.6	6.1

5. 子女教育。我国中等以下教育实行“地方负责、分级管理”，实际运作中，市、县主要对城镇的初、中等教育负责，乡（镇）主要对农村初、中等教育负责。由于城乡义务教育投入主体的差异，城市政府难以为农民工子女教育进行资金投入，致使那些随迁学龄儿童难以进入公立学校，承受着接受义务教育的不平等待遇，增加了农民工向城市迁移的成本。

（三）技术障碍

我国农民工的受教育程度普遍偏低且缺乏必要的职业技术培训。据统计，初中文化程度的农民工占60.5%（见表4），既未参加农业技术培训也未参加非农技能培训的农民工占69.2%（见表5）。他们大多在制造业、建筑业和服务业等劳动密集型行业从事技能要求不高的生产性劳动（见表6）。随着经济发展水平的提高和新兴产业的兴起，社会对劳动力素质要求越来越高，农民工的就业领域受到极大限制，转移就业难度日益加大。

表 4　2012 年农民工的文化程度

单位：%

	非农民工	全部农民工	本地农民工	外出农民工	青年农民工
不识字或识字很少	8.3	1.5	2.0	1.0	0.3
小学	33.8	14.3	18.4	10.5	5.5
初中	47.0	60.5	58.9	62.0	57.8
高中	8.0	13.3	13.8	12.8	14.7
中专	1.5	4.7	3.3	5.9	9.1
大专及以上	1.4	5.7	3.6	7.8	12.6

表 5　2012 年农民工参加培训情况

单位：%

	参加过农业技术培训	参加过非农职业技能培训	两项都未参加过
16～20 岁	4.0	22.3	76.0
21～30 岁	6.2	31.6	66.0
31～40 岁	11.0	26.7	68.0
41～50 岁	14.9	23.1	69.5
50 岁以上	14.5	16.9	74.5

表 6　农民工从事的主要行业分布

单位：%

	2008 年	2009 年	2010 年	2011 年	2012 年
制造业	37.2	36.1	36.7	36.0	35.7
建筑业	13.8	15.2	16.1	17.7	18.4
交通运输、仓储和邮政业	6.4	6.8	6.9	6.6	6.6
批发零售业	9.0	10.0	10.0	10.1	9.8
住宿餐饮业	5.5	6.0	6.0	5.3	5.2
居民服务和其他服务业	12.2	12.7	12.7	12.2	12.2

（四）文化障碍

农民工市民化的深层次障碍是文化心理转换。城乡文化的差异在城市居民和农民工之间表现为相互性排斥。一方面，城市居民思想观念受城乡分治影响，对农民进城就业和农民工市民化有排斥心态，担心农民工进城引发“城市病”，挤占就业岗位。另一方面，农民工自身观念受乡土文化影响很深，不适应城市生活方式。调查表明，41.5％的农民工闲暇时间选择睡觉、36.5％的农民工选择聊天、42.6％的农民工选择看电视，不愿参与到城市生活中去。这些阻碍了农民工对城市的归属感，成为农民工市民化的消极因素。

四、陕西城镇化中的农民工市民化问题

（一）陕西的城镇化进程

近年来，陕西省以保障性安居工程、有条件农民进城落户、避灾扶贫移民搬迁和小城镇建设为抓手，统筹推动全省城镇化进入加快发展的新时期。

1. 城镇化实现历史性跨越。西部大开发以来，陕西城镇化进程呈现先缓后快特点，进入 2007 年以后，城镇化发展步伐明显加快，年均提升 1.88％，高于全国同期 1.34％的平均水平（见图 2）。城镇人口以年均 0.96％的速度增长，快于常住人口 0.75％的增长速度（见图 3）。2012 年，全省城镇化率达到 50.02％，城镇人口首次超过农村，初步实现了由乡村型社会向城市型社会的历史性跨越。

2. 城镇综合承载能力增强。2012 年全省生产总值达 14 451 亿元，居全国 16 位，人均 GDP 达 38 557 元，首次高于全国平均水平。城镇化率的提升与人均 GDP 增长基本同步（见图 4）。以西咸一体化为核心的关中城市群，以全省 27％的土地面积，承载了 62.6％的人口，创造了 63％的 GDP，成为全省经济发展的增长极

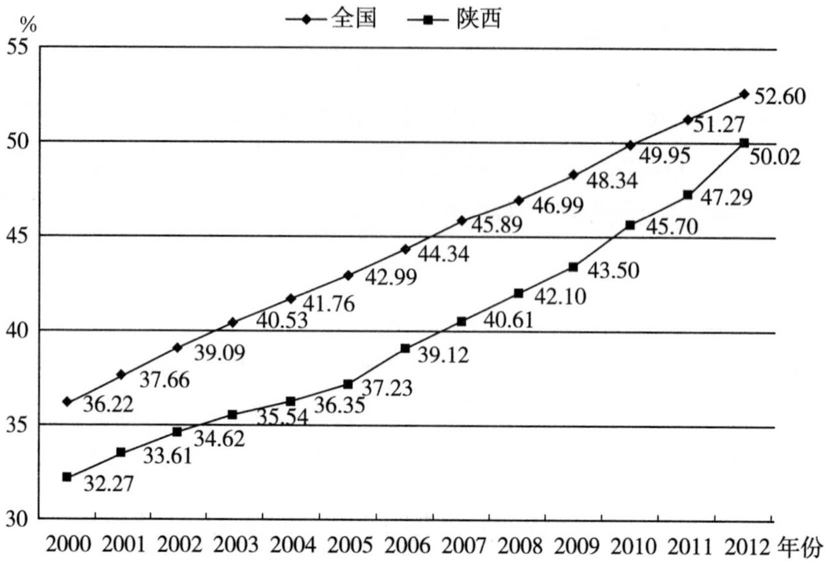

图 2　陕西省与全国城镇化率比较

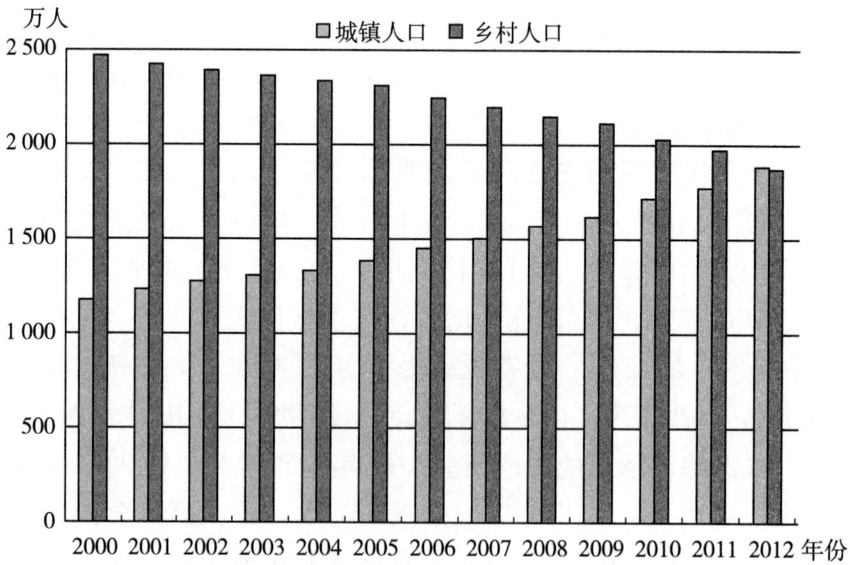

图 3　陕西省城镇和乡村人口数量

和城镇化发展的核心区。

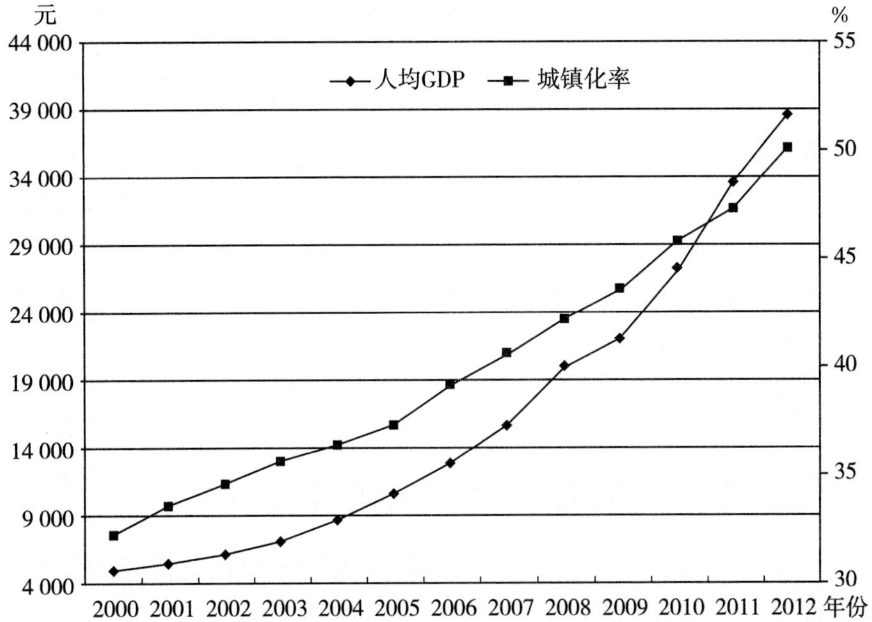

图 4　陕西省城镇化率与人均 GDP 比较

3. 公共服务体系不断健全。2012 年，全省市政公用设施实现县城以上城镇全覆盖，城市垃圾、污水、供水、供气、供热等设施水平大幅提高，保障房竣工 15 万套，城市、县城和重点镇气化率分别达到 81%、40%、22%，解决了 38.2 万人用电和 1 418 万农村人口饮水问题（见表 7）。城乡基本医疗实现制度全覆盖，城乡居民养老保险一体化实现制度全覆盖。在全国首创 65 岁以上老人免费体检和农村孕产妇免费住院分娩制度，24.94 万农村孕产妇受益。

表 7　陕西省城镇建设水平一览表

指标	城市			县城		
	2005 年	2011 年	增幅	2005 年	2011 年	增幅
用水普及率（%）	93.2	95.72	2.52	81.6	86.34	4.74

（续）

指标	城市			县城		
	2005年	2011年	增幅	2005年	2011年	增幅
燃气普及率（%）	79.8	92.09	12.29	51.5	63.86	12.36
人均城市道路面积（米^2）	8.2	13.72	5.52	8.1	10.79	2.69
建成区排水管道密度（千米/千米^2）	5.8	7.18	1.38	3.8	5.91	2.11
污水处理率（%）	31.9	83.96	52.06	5.1	55.64	50.54
人均公园绿地面积（米^2）	5.1	11.41	6.31	2.6	6.34	3.74
建成区绿化覆盖率（%）	30.2	38.68	8.48	10.7	22.48	11.78
建成区绿地率（%）	22.4	32.59	10.19	5.8	17.80	12

（二）陕西农民工市民化的障碍分析

伴随城市型社会的快速发展，陕西农民工市民化除了面临全国普遍性障碍，还呈现出欠发达省份特有的一些问题：

1. 城镇规模总体偏小、区域发展不均衡。全省10个设区市辖区人口为125.7万人，比全国平均规模少5万。83个县城中超过10万人口的只有19个。建制镇平均人口为4 851人，仅相当于全国平均水平的3/4。人口不足1万人的小城镇占城镇总数的90%。全省接近80%的县城建成区面积不足10千米^2，70%以上的建制镇建成区面积小于1千米^2。区域城镇化水平差异较大，关中城镇密度为74.58座/万千米^2，为陕南的1.55倍、陕北的3.14倍。

2. 城镇吸纳就业能力不足。全省现有农村劳动力1 574万人，农村富余劳动力818万人，可实现转移就业689万人，尚有130万人难以转移就业，全省劳动力资源总体供大于求，需向外省输出劳务以解决富余劳动力就业问题。从转移流向看，省外转移就业330万人，占总数的47.9%，省内吸纳农村剩余劳动力的能力逐渐减弱。据测算，“十二五”时期全省每年新增适龄劳动人口70万左右，每年省内新增就业岗位35万个，供需动态岗位缺口35万左右。

3. 公共服务供给成本压力较大。 2012 年，陕西农民工中享受用人单位或雇主提供住宿的只占 51.8%。外出农民工中仅有很少一部分享有“五险一金”。由于城市公共服务资源依据城镇户籍人口规划配置，在对本地户籍人口尚存在历史欠账的情况下，覆盖大规模进城农民工存在困难。按照“十二五”末全省城镇化达到57%的目标测算，陕西每年将有 95 万农村人口转移到城镇，按照一个农民工市民化 8 万元的成本测算，年均需投入 760 亿元用于农民市民化的公共服务，供给成本压力较大。

五、政策建议

1. 加强国家层面的顶层设计，完善城镇化体制机制。 我国地域辽阔，区域自然环境和经济发展水平差异较大，必须进一步加强国家层面的顶层设计，统筹考虑东、中、西部经济社会发展实际，分门别类制定科学的土地政策、人口政策、就业政策、产业政策，配套改革财税制度、投融资制度和社会保障制度。根据目前全国各地实际情况和相关制度改革难易程度，设计每类地区制度改革的具体步骤，明确农民工市民化的成本分担责任和时间安排，稳步推动城镇化健康发展，有序推进农民工市民化进程。

2. 深化户籍制度改革，推动城乡融合发展。 农民工市民化最根本的一点就是要彻底打破户籍“坚冰”，对依附在城乡户籍上的各种福利功能进行逐步剥离。户籍制度改革的内容，是由传统的城乡二元户籍制度过渡为城乡统一的一元户籍制度，打破“农业人口”和“非农业人口”的户籍界限，使公民获得统一身份。同时要充分体现公民居住和迁移的自由权利，剥离、剔除黏附在户籍关系上的社会经济差别功能，真正做到城乡居民在发展机会面前地位平等。要坚持因地制宜，分步推进的原则，对目前城乡户口共有的福利政策，进行合并改革，按照城乡居民收入水平科学测算，统一执行标准；对农村居民财产性权利，应加强权益保护，对生产性补贴，应保护支持实际生产的主体；新出台政策均应按照“城乡政策一致、规划建设一体、公共服务均等、收入水平相当”的要求，实现政策一体化。

3. 创新城镇管理模式，实现公共服务均等化。要进一步强化政府的公共服务供给责任，促进城乡要素平等交换和公共资源均衡配置，引导城市资金、技术、人才、管理等要素向农村流动，建立城乡统一的公共服务制度，培育城乡统一的人力资源市场，引导农民有序外出就业或就近转移就业，实现居民收入增长与经济发展同步，劳动报酬增长与劳动生产率提高同步。要按照城乡基础设施一体化、网络化、共建同享的要求，推动各地以常住人口为依据，编制经济社会发展规划及土地利用、基础设施建设等规划，统筹考虑就业、医疗、住房、教育、社会保障等公共服务需求，促进城乡基本公共服务均等化。运用现代信息技术，整合各类管理资源，完善人口信息平台建设，实施精细化管理。

4. 提高农民工综合素质，加快文化融合与角色转变。农民工市民化不仅仅是身份、环境和职业的转换，更重要的是生活方式、价值观念和心理因素的转换。当前，应以消除制度性障碍为基础，以提高农民工自身素质为条件，以构建和谐社会和人的全面发展为目标，大力实施农民工素质提升工程，加大新型农村社区文化设施的建设力度，发挥社区文化的导向功能，开展科学文化知识、民主法制、行为规范教育，培育城市居民所应具有的综合素质，有序推进农民工市民化进程。

关于加快具有中国特色城镇化建设的建议

杨庆才

城镇化是建成小康社会、实现现代化的重大战略，也是一个国家一个地区发展水平的重要标志。城镇化，从经济角度看，是不断追求资源配置效率提高的过程和结果；从人文角度看，是追求现代文明的过程和结果。当前，我国如何加快推进城镇化建设，在城镇化建设过程中如何科学合理地规划建设城镇，最大限度地使城镇化更好地为提高人民生活水平服务、更好地为地方经济社会发展服务，已成为我们必须回答的课题。

一、城镇化的特有功能

城镇化使城镇成为市场形成及要素聚集的载体，以此带动产业的集聚和农村剩余劳动力的就近转移，同时推动农村产业结构的调整，提高农业比较效益，促进城乡互动、统筹协调发展。

1. 产生集聚效应，提高资源配置效率。城镇化能够带来两个明显的集聚效应，一个是产业集聚，另一个是人口集中，即产业城镇化和人口城镇化。产业城镇化是经济支撑，没有产业的发展就不能吸引劳动力，城镇化就是空壳；人口城镇化是目的，建了很多城镇吸纳不了人口，城镇就是空城。

2. 产生扩散效应，带动农村区域经济增长。根据区域经济发展理论，在一定区域内经济发展具有非均衡性，在这个非均衡的系统中，总是可以抓到支配性的区位。因此，在不同时期选择支配全局的优势区位集中投入，可以起到事半功倍的作用。这种优势区位的经济发展，通过极化效应，使生产要素向增长极集中，以提高资源利用效率，通过扩散效应使生产要素从增长极向区域腹地辐射，起到对整个区域经济发展的带动作用。小城镇作为农村经济、政治、文化的中心，是该区域资本、技术等各种生产要素的集中地和生活资料的集散地，从而使其具备小区域“增长极”的条件。因此，城镇化的推进，可以通过发挥增长极的极化效应，使区域内资源得到有效的利用，而随着小城镇的进一步发展，又可以发挥其扩散效应，向农村扩散信息、技术和城镇文明，推动区域内农村经济的全面发展。

3. 发挥联结城乡的纽带作用，强化城市带动农村的能力。城镇尤其是小城镇在城乡网络中作为一种中间层次，在空间上位于环绕城市的外围区域，具有乡村与城市的双重性，在经济性质、人口构成、文化特征和景观面貌等方面处于乡村和城市的过渡状态。而且呈现出空间上距离城市越近的城镇往往在接受城市先进生产方式、生活方式和文化观念传播的速度越快，同时，城市经济对农村经济的辐射作用也要通过小城镇的传导才能实现。由此可见，城镇化发挥的联结城乡的纽带和桥梁作用，将会直接强化城市带动农村的能力。

4. 发挥城镇科教资源优势，提高农民素质。由于农村基础教育比较落后，不可避免地会影响农村劳动力素质的提高和科学技术的普及应用。城镇化能够发挥教育、科技、文化等资源的聚集与辐射功能，提高科教资源的运用效率，在小城镇集聚的各种工商企业则是提高农民实际工作能力的有效途径，受小城镇居民生产和生活方式的影响，使周边农民树立起市场和创业观念，不断提高竞争意识，增强农村经济可持续发展的能力。

二、城镇化建设中存在的问题

经过多年的努力，我国城镇化建设实现了历史性的快速发展。

但是，在运行当中还有不足之处。主要是：

1. 城镇化发展质量不高。目前，我国城镇化率虽然从统计数字上看已达到52.57%，但达到实际城镇生活水平的非农人口并没有占到这一比例，许多属于城镇统计范围内的矿山、农场、林场等职工及其家属，虽被统计为城镇人口，但他们的生产生活方式还远未达到城市的标准，准确地说更接近于乡村；有的地方，职工的生产生活不如当地农民。

2. 城镇化推进速度缓慢。“十一五”期间，全国城镇化率年提高超过1.5个百分点，“十二五”期间的发展速度明显放缓。

3. 城镇综合承载能力偏低。“十一五”期间，全国城镇城市基础设施建设水平指标总体较低，人均公共绿地面积、人均居住面积、供水普及率、燃气普及率、人均拥有铺装道路面积等指标，多数地方都还比较低。不少小城镇基础设施普遍缺乏，还处于由村庄向城镇演变的起步阶段。一些地方存在“把耕地围起来、楼房建起来、农民进城来就是城市化”的片面认识，没有按照构建“三位一体”（小城镇建设、产业发展、自然村庄整合）的农村城镇发展新格局的要求，忽视了供电、供水、供气、交通、通讯等基础设施的配套建设。如有的城镇几公里长的大街甚至整个集镇找不到一个公共厕所。此外，基础设施的建设与产业发展不协调，忽略了与第二、第三产业的配置，造成乡镇企业难以向小城镇集中。

4. 城镇吸纳人口能力弱。全国绝大多数地方小城镇规模较小、实力较弱，城市与城市之间的横向联系薄弱，区域中心作用不强，对周边农村的辐射、带动作用较差，阻碍了城镇规模的扩张。

5. 机制约束限制了城镇化的发展。现有的土地制度、户籍制度、行政管理体制、社会保障及就业制度仍然带有明显的城乡二元结构痕迹，消除农村人口城镇化的现实障碍还没有得到彻底解决。进城农民工的就业问题、子女教育问题、社保问题等使农民对进城仍心存顾虑，影响了农民向市民的转化。

三、加快城镇化建设的建议

我国东中西部具有明显的自然、区位、产业优势和发展能力水平不平衡性。决定了城镇化建设也必然要因地制宜、突出特色、有序推进，使城镇化与工业化和农业现代化统筹发展，引导农民奔向不同层次的城镇，让不同层次的城镇有能力接纳更多的农村人口，并做到能长时间在那里就业、工作、生活，使之成为具有一定保障能力的城镇。

1. 搞好顶层设计。城镇化规划要高起点定位，切实发挥对基层的指导和引领作用。城镇化是一个渐进的过程，必须要尊重规律、尊重科学、尊重规划，绝不能一任领导一套规划，要一任接着一任搞好规划的落实。最好各个城镇的规划都由省（市、区）里统一来做，以便做通盘考虑。在规划制定中，一定要把握好四个方面：一是突出小城镇自身特点，体现自然特色、产业特色以及历史文化底蕴等，切忌千篇一律。二是搞好小城镇功能分区，尽快实现控制性详规全覆盖。实现功能分区明确，交通流畅便捷。三是架构好小城镇框架，科学确定城镇规模，配套基础设施和公共服务设施，增强小城镇聚集能力，逐步建立起以小城镇为主体、以广阔乡村为依托，通过高密度、高强度的相互作用连接起来的组团式、开敞式的城乡布局。四是搞好建筑设计，重视外观设计和色彩设计，要充分挖掘运用传统、独特的建筑元素，体现不同地域建筑文化特色、地方特色和强烈时代特色，通过不同的建筑风格体现各自的人文气息。

2. 试点先行探索路径。在总体规划下，还应启动城镇化试点，通过试点积累经验，摸索适合吉林省实际的城镇化发展路径。可以先期选取一批规模适当、基础较好的镇，给予一定的政策、资金等扶持，鼓励它们充分发挥自有的资源、区位、劳动力等特色优势，探索出具有推广效应的城镇化模式。

3. 大力发展二、三产业。城镇化水平的提升要靠坚实的产业基础，如果第二、第三产业不发达，城镇就不可能提供农村劳动力转移所需要的就业岗位。健康的城镇化进程，推动力应该靠的是利益驱动，是农民自己去比较收益和生活质量。农民只有在认为转移后预期收入能够提高时才会向城镇转移。只有认定进入城镇能够获得稳定的生存发展空间时，才能驱动农村人口源源不断涌向城镇。显然，只有夯实城镇化建设所依赖的产业基础，才能真正达到加快农村城镇化建设进程的目的。所以，各地应立足自己的资源条件，大力发展地方经济，通过打造一批工业强镇、旅游强镇、文化旅游强镇来发展特色经济，不断增强城镇化的产业支撑和人口吸纳能力。

4. 拓宽市场投融资渠道。加快建立公共财政体制，进一步加大对城乡基础设施和公共服务的投入。省财政应设立小城镇建设专项扶持资金，用于小城镇污水处理、垃圾处理等公用基础设施建设项目和道路、排水、绿化等城镇基础设施建设项目补助。要放开小城镇公用事业投资领域，吸引社会资金特别是银行资金投入小城镇建设，进一步完善政府引导、市场运作的多元化投融资体制。各级政府应协调金融机构出台重点扶持政策，为小城镇和金融部门的合作提供更多平台和机遇，进一步加大金融产业对小城镇建设与发展的推动作用。

5. 创新农地使用权制度。农村土地的家庭承包责任制，既是农民生活的保障，又是农村社会的稳定器。但由于过度分散和小块经营，农民的农业收益空间有限。城镇发展也存在着用地指标与城镇扩张的矛盾。所以，无论是农业的规模经营还是农业用地变为城市用地，都要求制定合理的农地流转政策，建立开放的农地流转市场，允许那些向城镇转移的农户，通过承包地和宅基地市场转让其土地使用权。允许离开土地的农民以其土地使用权入股本地专业组织或种田大户，参与分红，以减少其入城风险。有条件的地方还可允许农民以其宅基地置换城镇中的土地，以减少其入城成本。只有这样，才能实现农地的顺畅流转和农地资源的优化配置，收到推进城镇化和发展农村经济的双赢效果。

6. 独辟新径，追先抓巧，奋力搏击，成就特色。建议从全局谋划上应坚持“政府主导、产业支撑、市场运作、多元驱动。”从现实经济社会体制状况的实际出发，如果离开政府的强有力组织协调，像这样重大事项是很难快速运行的。政府的作用是组织领导到位，协调服务到位，政策支持到位，在资金扶助、小城镇公用设施建设、教育医疗扶助等方面更应给予适当地安排。“产业支撑”是城镇化建设的经济支柱，没有企业、产业的生产经营实力形成的地方财力是根本无法形成建设能力的。“市场运作”是指在整体城镇化建设中一定要充分运用经济规律去解决好相关难题。“多元驱动”是指在城镇化建设中要充分发挥经济、社会、域内、域外各方面可利用的元素形成更强大的实力推进建设步伐。

在城镇化建设的整体过程中，还应特别注重抓好以下几项工作：一是要科学系统地搞好城镇化建设的规划。建议各地从省、市、县都要统筹搞好 10 年规划。应分 3 年、5 年、10 年搞三个时期的系统规划。3 年规划重点突出先行试点镇的建设，5 年规划是扩权强镇的建设目标，10 年规划是到 2020 年全面完成城镇化建设目标。二是如何让农民进入城镇生活，进入城镇就业，如何让农民享受城镇各种政策，如户籍、医疗、保险、教育、文化生活等重大事项。这些难题的解决必须有地方财力的扶助。三是城镇化与农业现代化、工业化密切相关。在“三化”建设中，如果说工业化是先导支撑，城镇化是关键环节，那么农业现代化就是基础保证。实现农业现代化一个很重要的方面是土地规模高效经营，集中连片实现土地产业化经营，搞土地流转。这一问题的解决可以运用农协组织合作社的方式来解决。让农民转包的耕地有相应收入保证，使农民解除“离田”的后顾之忧，再想方设法让进“城”农民能身体力行地从事新的就业，增加更多的经济收入。由有实力、有责任感的大企业来集中连片进行农业耕种。在可能情况下还可以由相关企业在

“城”里为农民建设住宅，住宅可由政府适当补贴，银行提供优惠贷款，相关企业也可拿出相应从事土地经营的效益予以反补。上述几个问题如果解决得好，城镇化建设的步伐就可以较快地、健康地向前推进。

此外，还有一个尤为重要的事项就是在小城镇建设中要因地制宜地求大、求强、求精。小城镇建设不相应地大就“化”不了，不相应地强就成不了，不相应地精就富不了。

在区域管理上勇于快速突破体制上的制约瓶颈。主要是“一改三大”。“一改”是改革现存的市（地级）管县的行政管理体制，由省级直管县（市）级。“三大”是大力推进大县、大镇（乡）、大村的建设。在省直管县的建设中，把原市级区域周边同市联系较紧，可以在生产要素、资源上有力支撑城市发展的县直接并入市区。在“三大”建设中，县级数量可以通过科学合理地撤并减少 1/5，镇（乡）级可以减少 1/4，村级可以减少 1/2。只有这样，才能产生生产力的聚化效应；才能更加科学合理地配置生产要素，加快发展步伐；才能建设起务实的、行政的、社会的管理体制。此外，所有县级市都应更名为县，这样更为科学妥当。建设具有中国特色的小城镇要有新的大手笔、大气魄、大动作，到 2020 年基本完成。

关于新型城镇化问题的思考

袁以星

如何推进城镇化建设，已成为当前热门话题之一。今天，按照中共十八大提出的推进新型城镇化建设的要求，有必要进一步统一对其深刻含义的认识。

一、对新型城镇化概念的基本理解

“城镇化”实质是“城市化”概念的延伸和发展，这是中国学者的创新。1998 年，党的十五届三中全会提出了“小城镇，大战略”方针；2000 年，在党的十五届五中全会《关于制定国民经济和社会发展第十个五年计划的建议》中用了 500 多字对城镇化建设进行阐述。

中国发展究竟应该走以城市发展为主，还是以城镇为主发展的道路？

党的十八大提出了要“坚持走中国特色新型工业化、信息化、城镇化、农业现代化道路，推动信息化和工业化深度融合、工业化和城镇化良性互动、城镇化和农业现代化相互协调，促进工业化、信息化、城镇化、农业现代化同步发展”。并强调要“科学规划城市群规模和布局，增强中小城市和小城镇产业发展、公共服务、吸纳就业、人口集聚功能”；“加快改革户籍制度，有序推进农业转移人口市民化，努力实现城镇基本公共服务常住人口全覆盖。”

2012 年 12 月，中央经济工作会议对推进新型城镇化建设的重要意义作了进一步阐述，指出“城镇化是我国现代化建设的历史任务，也是扩大内需的最大潜力所在”。会议还提出了“四个要”：要围绕提高城镇化质量，因势利导、趋利避害，积极引导城镇化健康发展。要构建科学合理的城市布局，大中小城市和小城镇、城市群要合理布局，与区域经济发展和产业布局紧密衔接，与资源环境承载能力相适应。要把有序推进农业转移人口市民化作为重要任务抓实抓好。要把生态文明理念和原则全面融入城镇化全过程，走集约、智能、绿色、低碳的新型城镇化道路。

党的十八大提出的新型城镇化的基本特征是城乡统筹、城乡一体、产城互动发展。其中，特别是要关注几个核心词：“统筹”、“一体”、“互动”。

城市化发展的基本规律是伴随着经济社会发展而变化。因为工业革命和现代化，促使劳动分工更为专业化，于是就有可能在工厂集中生产，就便于用机器来代替人工劳动，城市化促进了工业化，工业化也推动了城市化发展。又因为通信和交通等的发展，道路的改进，交通工具的进步，海陆空交通的全面发展，劳动分工和专业化水平进一步提高，从而更促进了城市的扩大。

但是，当城市化已经达到极点的时候，一个人口高度集聚的城市不仅要关注人们对物质和精神需求的矛盾，还要关注个人的和社会的矛盾，更要关注和防止许多经济的或政治的复杂矛盾恶化和被激化。于是，开始更加关注城市郊区化、区域一体化，更加关注城市管理的信息化问题，更加关注城市人口规模的合理调控和城市规划的积极引导作用。未来如果随着3D打印技术的广泛应用，是否可能出现逆城市化的倾向？完全可能。因为，传统工业是原材料剔除式的制造业，需要劳动力的高度集聚，需要大体量的工业厂房，需要大规模的物流；而3D打印技术的出现，却是一场颠覆式的“工业革命”，它是原材料添加式的制造业，不需要大规模的工厂，也不需要劳动力的大规模集聚，甚至不需要长距离的运输物流，等等。未来，完全可能是一种崭新的城市集结模式展现在人们面前。

因此笔者认为，应该对新型城镇化的含义有一个完整的全面的理解：

1. 在空间地理方面。它应该既是农村向城市转型过渡的重要载体，又是城市文明向农村传播扩散的重要通道。

2. 在产业特征方面。它应该既是农村商品经济和农业产业化经营的重要依托，又是现代化工商业向其辐射的重要基地。

3. 在就业格局方面。它应该既为规模化集约型农业内部劳动分工细化创造新的就业条件，也为现代工业革命引发的就近就业和分散化就业趋势提供新的空间。

4. 在生活方式方面。它应该是由亦工亦农、亦农亦商基本生产方式营造的新型城镇化生活方式。这种新型的城镇化，让农民进得来，留得住，生活更有尊严。

二、我国城镇化建设进程的剖析

新中国成立初，国务院于 1955 年发布了《关于设置市、镇建制的决定》，明确了设置镇的标准。但是新中国成立以后的大部分年份数据显示，我国的城市化滞后于经济增长。为此，1984 年，国务院重新颁布了建镇的规定，放宽了建镇标准，并允许实行镇管村体制。截至 1998 年，全国乡镇企业吸纳农民非农就业人数达 1.25 亿，占全国非农就业总数 35.7%，其中一半以上集中在县城、建制镇和小集镇。

目前，全国大小城市数量已达 657 个，比 1978 年增加了 464 个，其中 1 000 万人口的城市有 2 个；400 万～1 000 万人口的城市有 12 个；100 万～400 万人口的城市有 111 个。建制镇也发生很大变化：1978 年为 2 173 个；1986 年扩展到 10 717 个；2000 年达到 20 312 个。之后，开始调整归并，逐步缩减。至 2011 年缩减到 19 683个。按现行统计数据，我国城镇化人口已从 1978 年的 1.72 亿扩大到 2012 年的 6.92 亿；城镇化率从 17.92%提高到 52.6%；城镇化率提高了 34.7 个百分点，平均每年提高一个百分点。

在肯定成绩的同时，我们也要保持清醒的头脑。如果与国际社会比较一下，就会发现我们的城镇化还有很漫长的道路。以1998年数据为例，当时世界平均城市化率为46%，其中低收入国家为30%，中等收入国家为65%，高收入国家为77%。虽然，2012年我国的城镇化率达到了52.6%，但实质上其中还有2.6亿的农民工没有从根本上成为城镇人口，是“被城镇化”了。如果挤掉这些水分，实际的城镇化率仅为36%左右。

当前城镇化还存在许多突出问题。特别是城市面积扩张和市民化人口增长不成比例的矛盾相当突出。2001—2010年全国城市已建成面积增加了78.5%，城市每年扩张面积都在110万亩以上，而城镇人口只增长46.1%。另一方面，1996—2008年全国农村常住人口减少1.29亿，然而农村居民点用地却净增112万亩，结果出现了许多“空心村”。

三、上海城镇化建设的实践探索

改革开放30多年来，上海市的城镇化建设是伴随着中心城市的发展和延伸、农村工业化程度的不断提高而推进发展的。大致经历了三个阶段：

1. 1978—1992年。随着农村实行家庭承包经营，农村生产力得到了解放，乡镇企业异军突起，促进农民就业转移。形成了“离土不离乡，农忙又返乡”的格局。1984年，国务院批复同意《上海市城市总体规划方案》，将上海城市结构分为中心城、近郊工业小城镇和卫星城、郊县小城镇、农村小集镇4个层级。上海出现了一批像奉贤洪庙那样的小集镇。上海的城镇化率从1978年的58.7%提高到1992年的67.9%。

2. 1993—2006年。浦东开发、开放推动了城镇化步伐加快，农民开始“离土又离乡，务工进工厂”。1995年，中共上海市委提出了“农业向规模经营集中，工业向园区集中，农民居住向城镇集中”的目标，编制了新一轮城市总体规划，由“主城、辅城、县城和集镇”4个层次构成的城镇体系调整为“中心城—新城—中心镇——般镇”组成的多层次的城镇体系。以松江新城和朱家角、安亭、枫泾、浦江、罗店、高桥、周浦、奉城、堡镇9个中心镇建设为重点，推进城镇化进程。在这一阶段，城镇化率从1993年的69%提高到2006年的85.8%，年均提高1.29个百分点。

3.2007年至今。上海城镇化进入新的发展阶段，以新城建设为重点，推进新一轮城镇化建设。目前，松江、嘉定、南桥、青浦、金山、城桥6个新城已经完成详细规划编制或修编并批准组织实施。同时，规划面积超过100千米^{2}的9个大型居住社区建设也已启动，几乎覆盖市郊各个区县。全市城镇化率已接近90%。

回顾这30多年发展，上海城镇化建设发生很多变化：

一是上海城市面积的变化。1949年，上海的城市化面积是80千米^2；至1978年，才增加到147千米^2；1990年为203千米^2；1996年，扩大到412千米^2；在此基础上，2000年面积比1996年又翻了一番多，达1 060千米^2；之后的10年，平均每年增加50多千米^2。据2012年底公布的数据，目前城镇化面积已达1 600千米^2。

二是上海城市人口的变化。1978年，本市的常住人口1 104万，其中非农人口645万，基本上都是本市户籍人口，当时流动人口仅6万；1993年，浦东开发开放的起步阶段，本市人口出现了一些变化，常住人口增加到1 381万，其中非农人口达893万，比改革开放初增加了200多万，但主要还是本市征地农民农转非人口增加，而流动人口规模还只有87万；2000年，本市常住人口突破1 600万，其中非农人口986万，流动人口达287万，比1993年增加了200万，平均每年增加近35万；之后，本市常住人口增加主要是流动人口大规模进入，平均每年新增50万～60万，甚至个别年份增加70万。至2011年，本市常住人口规模突破2 347万，其中流动人口达到928万。至此，本市的非农人口1 267万比1978

年接近翻一番。

从上述两组数据透析，可以发现存在的两个不对称：如以本市户籍非农人口的增加与城市化面积的扩大相比，人口市民化的速度还跟不上城市化面积扩大的速度；如再以常住人口规模扩大与城市化面积增加来比较的话，则面积增加远远跟不上人口增加的速度。这两个“跟不上”，则提示我们对选择怎样的城镇化路径还值得反思。

四、城镇化发展轨迹带来的启示

1. 应该按照新型城镇化理念，重新勾画具有一定时空地域结构概念的城镇网络。新型城镇化不仅要有常规思维的都市布局，还要有以都市为中心地位的城市群布局，更要注重规模不等、职能不同、层次各异的系列小城镇布局，同时也要统筹兼顾新农村的布局，加强对新型城镇化体系完善的研究，最重要的是要为该地区范围内的合理分布社会生产力、合理安排人口、合理布局城镇村、合理开发利用国土资源以及进行经济战略部署提供依据。

要注重新城、新市镇和新农村“三新”建设联动。因为，“三新”联动就是要对一个区域的经济、社会、人口、资源、环境作综合因素分析，做出统筹协调的合理的空间布局。

新城，是按照区域一体化理念来细化城市总体规划的区域性规划，它既有承担疏解中心城市人口和集聚新的产业、带动区域发展的功能，又是处理当代社会经济、生态和社会问题的有效载体。

新市镇，既有农村接受城市辐射的桥梁功能，又是促进农民就地产业转型、就业转移、生活方式转变的重要载体。要充分考虑吸纳周边农民、外来人口进镇的容量和产业支撑的基础，真正使规划的主观愿望更加符合客观实际，使前瞻性的思考更能顺应城镇发展规律。

新农村，是与农业生产相适应的基本特性，无论国家是发达还是落后，无论经营是集约还是分散，其生产方式都离不开家庭经营这个基本单元。新型城镇化决不能让农业破产，就必须同步推进新农村建设。

2. 新型城镇化必须坚持“产城融合”的方针，这是城镇化健康发展的基础保证。城镇化不能变成“造城化”，城镇化必须依托产业支撑。无论是工业、商贸服务业，还是产加销一体化的农业，都是城镇化的产业支撑基础条件。这在中外历史上都有很多案例可以证实。没有产业支撑，农村劳动力难以分流，人口难以集聚。“被城镇化”的结局，只能导致“空城”，甚至为“死城”。不具备条件的，不宜任意扩大规模。新型城镇化建设特别要重视发展区（县）域经济。产城融合，要打造有需求、有效益、可持续产业，形成三次产业连接紧密、协调互补的现代产业体系。

3. 新型城镇化建设必须有城乡一体化的体制机制予以保障。随着新型城镇化建设的推进，乡（镇）的地位和作用越来越大。然而，乡（镇）一级的人口规模膨胀，乡（镇）政府管理的压力越来越大，面临的矛盾、问题和困难也越来越多。因此，要认真研究郊区城镇形态、规模、结构发生变化之后带来的管理模式；要研究镇级政府的管理权限；要深化财政转移支付制度改革，实现镇级政府事权和财权配置相统一。只有在规划、布局、基础设施建设、公共服务一体化等方面取得突破，推动公共资源在城乡间均衡配置、生产要素在城乡间自由流动，新型城镇才具有永久的生命力。

4. 新型城镇化建设必须实现城镇化和农业现代化相互协调，城镇化和农业现代化同步发展。城镇化绝不能让农业边缘化。城镇化建设要兼顾郊区农业用地。只有农业稳，“菜篮子”稳，物价才能稳，进城入户的新市民才能稳。要通过推进城镇化，减少农民、转移农民，保障农民、提高农民，使土地更多地集中到种田能手和农民专业合作社组织等经营主体，推动土地的规模化经营和提高农业的组织化程度，实现农业的社会化服务，提高农业的劳动生产率和土地利用率水平。

5. 新型城镇化建设必须让人民成为建设主体，让农民共享改革开放成果。城镇化绝不能让进镇农民贫民化。尊重农民的权益，不仅在于增加农民的经营性收入，还要高度重视农民在土地、财产、就业、社会保障和公共服务等方面的权益。特别是在征地中，至少应当包括既有权益充分保障、生存权利的社会保障、可持续发展的必要保障3个方面。这些权益保障的基本原则应当通过立法明确，以防止和避免通过简单的少数服从多数决策程序来剥夺被征地农民的基本权利，更要防止和避免行政强权无视被征地农民的基本权利。实践证明，这种充分发挥城乡居民的积极性、主动性和创造性的机制体制，不仅能有效激发经济社会发展的内存动力，也是对推进城镇化终极目标的一种有益演绎。

总之，推进城镇化建设步伐，必须坚持走中国特色城镇化道路，坚持工业化、城镇化、信息化和农业现代化“四化”联动发展，始终坚持把着力构建新型工农、城乡关系作为加快推进现代化的重大战略。

现代农业新型经营主体发展面临的问题与建议

钱克明

一、现代农业新型经营主体的产生及其发展现状

1. 兼具家庭经营和规模经营优势的专业种养大户正逐渐发展壮大。近年来，外出务工人数增加，家庭承包经营耕地流转速度加快，并逐渐向专业生产大户集中。这些专业大户一般家里有青壮年劳动力，素质较高，既有家庭经营优势，也具备规模经营的优势。根据世界各国现代农业发展的一般规律，这些以家庭规模化、专业化生产为主的专业生产大户应该是今后发展的方向和生产扶持的重点。

2. 专业合作社将会成为社会化服务的主体，但目前还普遍存在市场竞争力不强，管理欠规范等问题。目前从总体上看，全国大多数农民专业合作社规模偏小、竞争力偏弱；很多合作社没有建立起农业生产效果与收益挂钩的激励机制，或没有建立起合理的利益分配机制；一些合作社还存在财务管理不规范、不透明，经营决策不民主、不科学等问题。

3. 农业企业发展迅速，已成为社会投资现代农业的主体，但存在与农民“抢地、争利”以及“非农化”、“非粮化”倾向。近年来，全国农业产业化龙头企业快速发展，由于资金实力相对较强，已成为社会投资现代农业的主体，总体上对促进农业生产专业化、标准化、规模化和组织化起到积极作用。但也有一些企业大规模长期租赁农民土地，土地租金不高，也雇佣不了多少农民。企业把承

包的土地用来发展旅游、建设别墅，不种粮食，非农化、非粮化现象比较严重，常常与农民发生矛盾。

二、现代农业新型经营主体面临的问题

1. 土地稳定流转难。

（1）新型经营主体由于要扩大规模并进行相应的投入，希望土地流转能够规范、稳定和集中连片，但很难实现。

（2）某些农民不愿流转土地、流转合同期限短、土地流转不规范和流转关系不稳定等因素，农业大户对土地投入动力不足。

（3）一些农业大户和专业合作社反映，由于解决不了建设用地，无法建设储藏粮食的仓库和储备农业生产资料的库房，新购买的农机具只能露天堆放。

2. 融资贷款难。新型经营主体由于经营规模扩大，对资金的需求远远大于传统经营户，但涉农贷款“卡脖子”、经营大户融资难的问题仍没有得到有效解决。截至2011年12月，全国金融机构人民币各项贷款余额为54.8万亿元，其中农业贷款2.4万亿元，仅占4.5%。许多新型经营主体只能单打独斗，从金融部门得到支持有限，远不能解决资金缺口问题。

3. 农业保险难。在对马仁村调查中未发现有参加农业生产保险的，很多农民都说“没听说过有保险”。由于新型经营主体生产专业化程度提高，相对于多种经营来说风险分散的能力弱。但由于目前农业保险法律缺位、财政补贴、保险覆盖面小，保险水平低等问题，农业保险尤其政策性保险和巨灾保险的发展远远满足不了新型经营主体的需要。

4. 政策支持不足。我国农业补贴政策体系是以家庭承包经营为基础，针对新型经营主体的专项扶持政策不多。种粮补贴是按原有的计税承包面积发放，一些粮食生产经营大户一方面拿不到补贴，另一方面还要支付土地流转费用，单位面积的生产成本大大增

加。马仁村的农民形象地说“不管目前是种树的、养鱼的，还是打工的，都可以享受到种粮补贴，拿钱的不种粮、种粮的不拿钱”。

5. 公共服务不足。新型经营主体所需的服务已由单纯的生产环节服务向产前、产中和产后全程服务扩展，尤其对新品种与新技术引进和试用、市场信息、地理标识、质量检测、产品营销服务等综合性服务需求不断增加。原有的基层农技推广体系主要是针对传统家庭经营户提供生产技术服务，仍然靠“大喇叭灌输、大呼隆培训、大挂图宣传”，很难满足新型经营主体从事现代农业生产和经营所需要的个性化、全程化和综合性服务。

6. 基础设施建设投入不足。新型经营主体由于经营规模扩大，需要平整土地、挖掘水渠、兴修机耕道、还需要较大的晒场等。但通过对马仁村种粮大户和合作社的调查发现，由于基础设施投入较大、回报周期长，有些基础设施还不具有公共物品的性质，因此普遍投入不足。

三、推动现代农业新型经营主体发展的对策建议

1. 加快培育新型经营主体。大力培育新型经营主体，需要多渠道培养适应现代农业发展的经营主体，发展种养业大户、农民专业合作社和农业产业化龙头企业，加大农民专业合作组织负责人、农业产业化龙头企业经营人才、农产品经纪人、到村任职大学生的培养力度。启动实施青年农民创业计划，对符合条件的农村青年务农创业和农民工返乡创业项目给予补助和贷款支持。强化农民职业培训，着力培育一大批种养业能手、农机作业能手、科技带头人等有文化、懂技术、会经营的新型农民。

2. 积极引导土地有序流转。按照依法自愿有偿的原则，在确权的基础上，引导土地承包经营权向生产和经营能手集中，大力培育和发展种养大户、家庭农（牧）场；加强土地承包经营权流转管理和服务，建立健全农村土地承包经营权流转市场，健全土地承包

经营纠纷调解仲裁制度。有条件的地区，可对耕地流出户和流入50亩以上的专业生产大户进行双向补贴，探索推行租金动态调整或土地入股保底分红办法；对80后或90后农民工，可探索建立承包经营权和农村宅基地的有偿退出机制。

3. 加强金融创新和保险创新。扶持发展村镇银行、贷款公司、农村资金互助社等农村小型金融机构，有序发展小额贷款组织，提高农村金融网点覆盖率。支持经营主体以相关农产品或资产为抵押或担保，向金融机构贷款，允许具备条件的村委会为农户提供贷款担保，在有条件的地区允许探索农村“三权”抵押贷款。加快推进政策性农业保险，将种粮大户、农民专业合作社的粮食生产和农机具等纳入保险范围，适当提高保额标准和保费补贴比例，帮助其提高抗风险能力。

4. 进一步完善扶持政策。一方面，探索与提供商品数量挂钩的生产补贴机制，完善收入补贴政策。对传统家庭承包经营户，主要是增加收入补贴，但不宜再增加生产性支持；对种养大户和农民专业合作社，则主要是增加生产性支持，但不宜进行收入补贴。另一方面，将涉农基本建设资金优先向种养大户、合作社、龙头企业倾斜，扶持新型经营主体改善生产基础设施。在集体建设用地指标中为专业生产大户和专业合作社提供生产辅助设施用地，同时加快建设高标准农田的步伐，为各类经营主体提供均等的土地整治和农田基础设施建设服务。

5. 大力发展社会化服务。一方面，增强农业公益性服务功能。加快推进基层公共服务机构建设、条件建设，加强农业生产信息化服务和产销信息引导。通过拓展服务功能和加强与新型经营主体的联系，为其提供个性化、全程化和综合性的服务。另一方面，大力发展农业经营性服务。重点培育壮大专业服务公司、专业技术协会、农民经纪人、龙头企业等各类社会化服务主体，在土地利用、税收减免、绿色通道、农业用电、工商登记、人才培训等给予优惠政策，提升农机作业、技术培训、农资配送、产品营销等专业化服务能力。

6. 制定工商资本企业从事农业的指南。鼓励和引导工商资本和企业从事产前的投入品生产经营、发展适合工厂化生产，且需要高投入、技术性强、管理水平高的项目，如投资养殖小区从事规模化养猪、养牛，或者提供产中的社会化服务、投资产后加工运销以及致力于荒山、荒坡、滩涂等资源开发项目，农村环境或荒漠化治理项目等。

三、《判断与思考》简报有关专家文章

粮食全要素生产率下降值得警惕

王济民　肖红波

一、我国粮食生产必须走提高全要素生产率的道路

粮食稳定发展是保障农业和国民经济持续健康发展的基础。21世纪以来，我国粮食产量呈现先降后增的趋势，2000—2003 年粮食产量由 50 839 万吨减少到 43 069 万吨，这是改革开放以来我国粮食生产滑坡最严重的时期；2004 年以后恢复发展，粮食生产创造奇迹，粮食总产由 46 946.9 万吨增加到 2011 年的57 121万吨，并实现连续九年增产，创历史最好水平。

然后，随着我国人口增长、经济发展和城市化推进，粮食需求不断增加不可逆转。据专家们预测，未来 10 到 20 年，我国粮食产量必须增加 1 亿吨以上才能弥补粮食供需的缺口。目前，我国粮食播种面积、劳动力和物质投入增加对我国粮食增产的作用虽然仍然很大，化肥、农药和机械等物质投入、劳动力和播种面积平均每增加 1%，粮食产量相应分别增加 0.362%、0.244%和 0.395%，但粮食播种面积和劳动力的继续增加受到很大制约，物质投入中化肥和农药的施用量已经达到世界较高水平，且由此造成的负面环境效应不断凸显，依靠大幅度增加生产要素来提高粮食产量的空间已经越来越小。

从长远来看，我国粮食生产将继续面临耕地日益减少、水资源短缺、青壮年劳动力外流、生态环境压力不断加大和自然灾害

威胁的严峻挑战，粮食产量要想持续稳定提升，只能走依靠制度创新和科技进步，大幅度提高粮食全要素生产率的道路。

二、21世纪以来我国粮食全要素生产率出现下降的趋势

选用全国31个省（市、自治区、直辖市）2000—2009年，粮食总产量、粮食总播种面积、农业劳动力数量、农业机械总动力；有效灌溉面积、农林水事务支出、化肥使用量7个指标，采用DEA数据包络方法，对2000—2009年我国粮食产出和投入数据进行估计，结果显示：

1. 全国粮食全要素生产率增长近10年来有所下降。其中，由技术创新所决定的技术进步呈现下降趋势，由新技术转化推广所决定的纯技术效率不断上升，规模效率则没有得到任何改进。10年间，全要素生产率呈下降趋势，年均下降1.9%。其中，技术进步年均下降2.1%，纯技术效率年均提高1%，而规模效率在10年期间没有得到任何改进。

2000年以来，尽管技术效率有所改进，但总体来说技术进步缓慢或呈现倒退的趋势。技术进步缓慢或停滞可能与近年来粮食生产技术没有重大的突破有关，这也说明目前粮食生产中生产者对现有技术的应用达到了一定的水平，依靠现有的技术再提高效率的空间很小。

2. 从地区来看，全国有将近1/3省份的全要素生产率上升，超过2/3省份下降。部分非粮食主产省全要素生产率有所提高，而粮食主产省全要素生产率下降，主要是由技术进步缓慢甚至倒退引起的。在31个省份中，天津、青海、辽宁、宁夏、海南、福建、陕西、北京和浙江9个省份的粮食全要素生产率是提高的，其中大部分技术效率均有较大的改进，技术进步也比较明显。全国有21个省份的全要素生产率是下降的，其中新疆、广西、广东、山西、云南、内蒙古6省（区）全要素生产率下降主要是由技术效率下降

引起的，而技术进步状况良好，规模效应在技术效率方面的变化不大；其余15个省份的全要素生产率下降主要是由技术退步引起的，而技术效率多数得到改进，规模效应和纯技术效应对技术效率的增长都有正的贡献。

除辽宁外全要素生产率提高的省份均是粮食非主产省，说明这些省份近年来粮食增产的空间较大，相反，大多数粮食主产省的全要素生产率却是下降的。在全要素生产率下降的21个省份中，其中就包括11个粮食主产省，特别是河北、四川、河南这三大粮食主产省的全要素生产率增长却排名在最后几位，应该值得警惕。这些省份的技术稍有改善，但技术倒退比较明显，技术进步缓慢可能会制约粮食主产省生产效率的提高。

三、采取有效措施，努力提高我国粮食全要素生产率

当前我国粮食安全形势总体良好，粮食产量有可能实现连续九年增产，但我国粮食生产还很脆弱，综合生产能力并不稳固，尤其是粮食的全要素生产率呈下降趋势，令人担忧。在这种形势下，更需要花大力气加快科技进步和制度创新，努力提高全要素生产率，才能保障粮食增产与稳定。

1. 全面加快粮食科技进步，为粮食产量的持续增加注入新的动力。据本文测算，科技进步缓慢已成为制约粮食生产效率提高的主要因素。在未来耕地面积有限，水资源短缺和劳动力持续转移等粮食生产资源短缺的情况下，提高全要素生产率是粮食生产增长的最重要的途径，其中科技进步是提高全生产率的关键因素。因此，我国粮食产量的增加，必须加大农业科研投入，加快科技创新，技术推广，大幅度提高粮食科技的创新能力和效率。

2. 着力强化粮食科技创新力度，拉动粮食主产区粮食产量持续增加。一般来说，粮食主产区粮食播种面积大、总产量高，产量

增长对全国粮食产量增长的平均贡献要大于非主产区。但近年来，粮食主产区的全要素生产率却明显下降，这预示依靠粮食主产区来实现全国增产的难度越来越大，应引起警惕。今后粮食主产区要特别重视科技创新，加快发展粮食种业科技，强化规模化、机械化、标准化、设施化和智能化种养技术创新，大幅度提高土地、劳动生产率和资源利用效率，保持粮食持续稳定发展。

3. 加大粮食科技推广力度，大力挖掘粮食非主产区生产的潜力。与粮食主产区相反，部分粮食非主产区的全要素生产率却有明显的提高。因此要在要充分发挥非主产区全要素生产率提高的优势基础上，重点加大粮食非主产区的粮食科技推广力度，大力开展高产创建，配套推广良种良法良田良保，使各种单项技术发生集聚作用，全面提高粮食非主产区的综合生产能力，平衡粮食区域生产。

4. 继续加大制度创新力度，进一步释放粮食生产力。除科技进步外，制度创新也是提升全要素生产率的主要途径。从制度层面来看，近年来党中央国务院高度重视粮食安全，持续加大对粮食生产支持力度，极大地调动了农民种粮的积极性，为粮食连续增产起到了至关重要的作用，今后扶持只能加强，不能削弱。另一方面也要高度重视规模效率在提升全要素生产率的作用，进一步深化农村改革，转变农业生产方式，加快推进土地适度规模经营，重点强化土地流转制度创新和经营主体创新，充分发挥规模效率提升在全要素生产率增长中的份额，确保粮食生产可持续发展。

要坚持农民是发展现代农业的主体地位

钟 勉

一、发展现代农业应以农民为主体，城市工商资本要起“带动”作用，而不是“代替”作用

近年来，大量工商资本进入农业，在对现代农业起到积极作用的同时，也产生了若干负面影响。如何应对这些负面影响，发展现代农业是以企业为主体还是以农民为主体，就成为必须认真考虑的问题。

1. 城市工商资本大量进入农业，“挤出效应”逐步显现。伴随着城市工商资本大量进入农业，一些城市工商资本凭借自身资金、技术和规模等优势，在市场竞争中占据有利地位，这一方面有力地促进了现代农业产业基地建设和农业产业化经营，但与此同时，也产生了“挤出效应”，有些企业并没有起到带动农民发展产业和持续增收的作用，而是对农民家庭经营形成竞争，将农民挤出传统的、增收致富产业。如果这种“挤出效应”逐步扩大，将对农业持续发展、农民稳定增收、农村实现全面小康产生重大影响。以四川为例，据有关部门预测，到 2015 年全省城镇化水平达到 48%后，仍有 4 600 多万农村人口；到 2020 年实现全面小康、城镇化水平达到 51%，仍然还有 4 400 多万农村人口。这 4 400 多万农村人口除一部分转移就业外，仍有相当数量农民依然从事农业生产，需要通过发展现代农业增收致富。

2. 城市工商资本要起“带动”作用，不能“代替”农民主体作用。在发展现代农业和农业产业化经营中，必须高度重视和充分

发挥龙头企业和业主的带动作用。但要始终把握的原则是，引进企业关键是要“带动”农民发展现代农业，而不是“代替”农民发展现代农业；要对农民形成带动效应，而不是形成挤出效应。因此，大力引进从事农畜产品精深加工的龙头企业发展农业产业化经营是不容置疑的。在引进社会资本直接从事种养殖生产和经营中，要把重点放到农户家庭和农民专业合作组织干不了的关键环节和产业发展的薄弱环节。

3. 坚持以农民为主体发展现代农业，使农民成为建设主体和受益主体。在现代农业发展路径的选择上，必须在继续稳定家庭承包经营制度基础上，通过创新农业生产组织方式，以农民为主体发展现代农业和农业产业化经营，使组织起来的农民真正成为建设主体和受益主体，使现代农业发展的过程成为农民增收致富奔小康的过程。在工商企业的引进上，要大力引进从事农产品市场营销的企业，大力引进种养殖中从事良种培育繁殖的企业，大力引进通过建核心示范区、示范养殖场等辐射带动周边农户从事规模化标准化生产的企业，从而带动农民发展现代农业和农业产业化经营，带动农民持续稳定增收。总体上，我们不提倡引进租赁土地从事种养殖生产仅雇请农民打工而无辐射带动作用的企业，不支持引进对农民形成竞争的“农业工厂”、“万头猪场”，特别不提倡以财政资金、优惠政策去引进对农民没有带动作用的企业的做法。

二、现代农业规模化标准化可以通过以农民为主体的“大基地、小业主”模式来实现

发展现代农业，必须实现规模化，只有达到规模化才有标准化和商品化。实践表明，现代农业规模化标准化以农民为主体的“大基地、小业主”模式是符合我国国情的，这种模式可以通过产业布局的组织化、生产的组织化和土地承包经营权流转的规范化来实现。

1. 依靠产业布局的组织化，构建现代农业产业基地强县。着力推进区域布局的规模化，发展特色优势主导产业。根据资源气候条件、产业基础和市场前景，完善现代农业发展区域规划，建设一批区域特色鲜明、市场竞争力强的现代农业产业基地强县。这些基地强县再通过制定现代农业产业基地建设规划，打破土地的村、组、户界限，集中改善基础设施条件，实现集中连片发展，形成若干规模化的产业集中发展区。

2. 依靠生产的组织化，组织分散农户进行规模化标准化生产经营。着力完善以农民专业合作组织和社会化服务体系为纽带的统分结合双层经营机制，把农民组织起来按照标准化要求进行家庭适度规模种养殖，从而实现基地的规模化产业化。具体来说，就是在家庭适度规模经营的基础上，按照统一的产业发展规划，通过农民专业合作组织实行“六统一分”（统一优良品种、统一投入品配送、统一疫病防控、统一机械化作业、统一技术标准、统一市场营销，分户适度规模种植养殖），把分散的种养殖农户组织起来，进行标准化生产，实现规模化经营。以四川为例，凡是规划发展的主导产业，都要有农民为主体的专业化合作经济组织；凡是统一规划的产业基地，主要探索“大基地、小业主”的模式。实现规模化标准化，不简单化地采取“大园区、大业主”模式，不强求户均种植规模，更不能通过优惠业主堆大户、行政推进土地流转来实现。

3. 通过土地承包经营权流转的规范化，自发形成“种养大户”或“小农场主”。规范土地承包经营权流转，不仅要重视土地适度经营规模，同时更要重视流转中的助农增收机制和农民权益维护。必要的土地承包经营权流转，应当主要在村集体经济组织内农户间进行，在这一过程中自发地形成一些“种养大户”或“小农场主”。不能片面提倡和鼓励城市工商资本到农村大面积、长时间直接租种农户的土地，更不能依靠行政推动大规模流转土地给城市工商资本形成规模化“农业业主”，进而实现所谓的现代农业“工厂化”生产经营。家庭经营现在是、将来也是农业最基本的经营形式，让企业成为农业经营主体，把农民变成农业工人，不是农业经营体制改革的方向。

三、财政性资金投入要以支持农民和农民专业合作组织为主，形成民有、民享、民受益的管理运行机制

现代农业发展以农民为主体推进的路径和实现规模化标准化以“大基地、小业主”为途径，需要相应的机制、政策予以保障。为此，必须坚持正确的财政政策导向，创新财政性资金、项目投入的方式方法，确保财政性资金绩效落实到带动农民发展现代农业和持续稳定增收的实际效果上。

1. 财政性资金投入要以支持农民和农民专业合作组织为主。要围绕确保农民受益，坚持农业财政性资金主要支持农民、农民专业合作组织以及发挥“两个带动”作用明显的企业，对于带动作用不明显或没有带动作用的业主，不作为支持重点。特别要注意防止财政性资金、项目直接安排给流转土地后的业主项目，其产生的新增效益由业主独享而流转出土地的农户不能分享；防止用财政性资金扶持对农民没有带动作用的业主，进而与邻近同产业的农民竞争。

2. 财政性资金投入要以农民专业合作组织作为支农的重要载体。充分尊重农民意愿，组织农民参与建设和管理，实行先建后补、以奖代补，推行民办公助，调动农民积极性，引导农民增加生产投入。特别要把农民专业合作组织作为财政支农的重要载体和平台，财政支农项目能让农民专业合作组织实施的，优先安排符合条件的农民专业合作组织实施。

3. 财政性资金投入要遵循资产民有、民管、民受益的管理运行机制。构建财政资金投入形成的资产民有、民管、民受益的管理

运行机制，积极探索将财政资金投入形成的资产转化为农民专业合作组织资产的具体管理模式，创新财政资金投入成为农民生产经营资本的多种途径，增强农民专业合作组织和农民参与市场经济、发展现代农业的能力。

中西线联合南水北调
解决我国食物危机

梁书民

一、食物危机与对策

城乡居民收入增加带来了对食用植物油需求的快速增长，使中国的食物危机日益加剧。按粮食油料当量折算的食物自给率由2000年的99.8%下降为2012年的86.4%。2011年中国进口食用油籽和食用植物油折合粮食油料当量9 104万吨，总计耗费405亿美元外汇，折合人民币2 616亿元。

常规的农业技术进步和政策措施带来的粮油增产无法有效缓解食物危机。据测算2010—2030年农业科技推广、灌溉面积增加和复种面积增加可使粮油增产20.2%，种植结构调整和耕地减少可使粮油减产7.7%，五大因素总计可使粮油增产12.5%，使中国粮油产量由2009年的5.73亿吨增加到2030年的6.45亿吨。然而按照食物供需发展趋势预测，中国2030年的粮食和油料进口将高达2.01亿吨，食物自给率下降为76.3%。正常的增产途径无法逆转食物自给率下降的大趋势。

在国内生产不能满足消费需求的情况下，通过农产品国际贸易大量进口短缺的油料是保障食物安全的便捷途径，但是由于国际农产品价格波动较大，目前对油籽和食用植物油的大量进口严重威胁了中国的食物安全。转基因大豆和饱和脂肪含量极高的棕榈油的大量进口给人们的健康带来了潜在威胁，更凸显大量进口农产品具有很多弊端。

二、大规模调水的必要性

中西线联合南水北调的受水区主要有黄土高原、河西走廊、南疆盆地、吐鲁番——哈密盆地、北疆盆地和内蒙古高原，具有土地资源丰富，土壤肥沃，光照资源丰富的特点。在灌溉条件下西北地区适宜于种植除油棕外主要油料作物，如花生、油菜籽、向日葵籽、大豆、棉籽，是理想的农业发展后备区。从水资源和土地资源开发角度来看，我国农业生产潜力较大的有西北地区和南方丘陵两个地区。南方丘陵坡耕地较多，需修建梯田，且不利于农业机械化发展。北方土地资源开发可以通过节水灌溉和跨流域调水两种方式相结合大幅提高农业单产，投入产出效益远优于南方的坡耕地改造；由于地势平坦，北方更有利于发展农业机械化，进行大规模农业生产。黄土高原坡耕地面积广大，发展灌溉需要建造梯田，但是由于黄土土质疏松，土壤肥力较高，修建梯田投入少，效果好，投入产出效益明显高于南方的石质丘陵和山地。

三、调水方案与成本效益

比定—洮河中西线联合南水北调工程可分为三部分：中线南水北调延伸工程、大西线南水北调工程和西北引水干渠工程。中线南水北调延伸工程通过隧洞将中线调水水源延伸到三峡水库以增加调水量；大西线南水北调工程起点在西藏米林县米林乡比定村雅鲁藏布江大坝，终点在甘肃省岷县十里镇迭山隧洞洮河出口，是整个联合调水工程的主体工程，将雅鲁藏布江、怒江、澜沧江、金沙江、雅砻江、大渡河、岷江和嘉陵江上游的径流通过穿山隧洞在腊子口自流引入洮河；西北引水干渠将大西线和黄河上游来水引向气候干旱但土地资源丰富的西北地区，工程按建设顺序依次为黄土高原和毛乌素沙地、河西走廊、内蒙古高原、哈密—吐鲁番盆地、准噶尔盆地南缘、塔里木盆地北缘、塔里木盆地南缘。

参照辽宁大伙房引水隧洞和雅砻江两河口大坝等水利工程的造价，通过利用地理信息系统进行精确测量，对工程造价进行了估算。得出西藏米林县比定村至甘肃岷县洮河中西线联合调水工程总投资为 34 503 亿元，可增加可调配水量 2 384 亿米^3，单位调水成本为 14.47 元/米^3。从单方调水成本来看，联合调水工程介于规划中线南水北调 7.1 元/米^3 和规划西线南水北调 17.9 元/米^3 之间，低于许多现有的中小型调水工程。

比定—洮河中西线联合南水北调工程完成后，以洮河岷县至刘家峡水库为节点，可对大西线来水和黄河刘家峡以上来水进行统一调配。比洮线上游来水有大西线每年来水 1 771 亿米^3 由岷县十里镇入洮河，以及黄河上游经龙羊峡水库调节的刘家峡水库入库径流每年 273 亿米^3，加上三峡—丹江口水库调水 340 亿米^3，联合南水北调总计可调配年径流量为 2 384 亿米^3，是黄河年径流量 580 亿米^3 的 4.1 倍。其中，可用于西北各省发展灌溉的水资源总量为 1 862亿米^3，包括农业用水 1 637 亿米^3 和可灌溉污水 224 亿米^3。依据地形条件、土地资源丰度和气候条件计算得出的分省区灌溉用水需求量和灌溉面积为：内蒙古 987 亿米^3 和 5.01 亿亩，新疆 652 亿米^3 和 2.12 亿亩，陕西 21 亿米^3 和 0.32 亿亩，甘肃 103 亿米^3 和 0.63 亿亩，宁夏 56 亿米^3 和 0.38 亿亩，山西 16 亿米^3 和 0.27 亿亩，河北 26 亿米^3 和 0.28 亿亩。灌溉用水需求量按保证一熟农作物在充分利用天然降水条件下补足 540 毫米水量计算，年降水量大于 540 毫米的地区灌溉用水需求量为 0。

按照上述分配方案，比洮线中西线联合调水的可调配水量的主要用水效益为：①每年售水收入 1 223 亿元；②可灌溉耕地 8.02 亿亩，灌溉草场 0.99 亿亩（土壤诊断层薄不宜开垦为耕地）；③工业用水效益为可增加 3.3 万亿元工业 GDP；④城镇生活用水效益为可增加 4.0 亿城镇人口；⑤发电效益为每年可发电 3 298 亿度，价值 1649 亿元；⑥防洪和抗旱效益；⑦扶贫效益为可容纳生态移民 9 017 万人；⑧生态效益为可增加绿洲 62.8 万千米^2。

关于人们最关注的农业效益。通过膜下滴灌可新增 8.02 亿亩水浇地，可增产谷物和油料 3.32 亿吨，使中国 2030 年的食物自给率由预测的 76.3％上升为 115.5％；增产谷物秸秆和牧草干重 2.82 亿吨，相当于 46.72 亿亩天然草原的产草量，可彻底解决草原过度放牧问题。

四、可行性分析

对比定—洮河中西线联合南水北调工程进行分阶段技术经济分析表明，按施工期为 21 年计算，联合调水工程的财务内部收益率为 8.88％，在经济上是可行的。比定—洮河中西线联合调水工程总投资巨大，但可以分阶段进行，中国综合国力不断增强，可以承受。若利用 3 年时间加紧论证和规划设计，争取 2016 年开工建设怒江—洮河中西线联合调水工程，全部中西线联合南水北调工程可在 2036 年完工。

关于我国综合国力对联合调水投资的承受能力，中西线联合调水方案总投资 34 503 亿元（2010 年价格）折合为 2011 年价格后为中国 2011 年国内生产总值 47.156 4 万亿元的 7.50％。2011 年 12 月末中国外汇储备为 31 811.48 亿美元，折合人民币 200 508 亿元，联合调水总投资仅占其 17.65％。可见比定—洮河中西线联合南水北调工程未超出中国的综合国力。

关于水库库容调节问题。西南诸河的径流特点是年内变化大，年际变化小。中西线联合南水北调工程大西线年调水总量为 1 771 亿米^3，笔者计算出的总多年调节库容为 835.1 亿米^3，总多年调节库容系数为 47.2％，其中，普列什柯夫线解图调节系数取 0.9，用水保证率取 80％。可以通过大西线上游规划的梯级水库实现库容调节。

地质灾害预防是决定工程技术可行性的关键问题，如地震、活动断层、岩爆等对大坝和深埋长隧洞施工和使用寿命的影响。我国已经积累了高坝和深埋长隧洞的建设经验，并对工程地质灾害的防治有深入研究。联合调水工程对隧洞、大坝和引水干渠的设计均考虑了现实技术的可行性，笔者认为联合南水北调工程技术上是可行的。

学者们十分关心国际水资源利用问题。大西线南水北调涉及国际河流的下游水资源丰富：比洮线中西线联合调水工程北调澜沧江水量201亿米^3，为湄公河入海径流量的4.2%；北调怒江水量282亿米^3，为萨尔温江入海径流量的11.2%；北调雅鲁藏布江水量570亿米^3，为布拉马普特拉河径流量的9.3%。西南地区的河流地处印度洋季风区，旱季河流径流量不大，雨季非常容易形成洪灾。近期南亚、东南亚洪水频繁，中国将上游洪水截取可以部分减轻下游的洪灾。大西线南水北调工程以下的河段水力资源仍然十分丰富，开展水利开发有利于下游的防洪抗旱，如中国可在雅鲁藏布江大拐弯处建设大坝进行水电开发，同时利用兴利库容在枯水季节向下游输水，为下游国家兴利除弊。

五、结论与对策建议

研究表明，大西线自流调水工程技术上是可行的；选择海拔适中的比定—洮河线，以洮河和刘家峡水库为主要分水节点，可以向黄土高原和西北内陆大量输水；通过节水灌溉在西北大面积扩大绿洲面积是数千年农业开发经验的结晶，是对自然资源的最佳利用，不违背自然规律；中国只有通过大西线调水才能彻底解决由于收入增长带来的日益加剧的食物危机。

在世界食物危机日益加剧的大形势下，国际农产品价格将越来越高，进口农产品将越来越不经济，联合调水工程的必要性将越来越明显。在经济快速发展的大背景下，中国的综合国力将越来越强，水利工程技术进步将越来越快，联合调水工程的可行性将越来越强。

联合调水不仅可以解决中国食物危机问题，还可以一劳永逸地彻底解决中国的城镇化占地、旱涝灾害、贫困人口和生态恶化等诸多重大问题。建议我国政府遵从总体规划，分期建设，逐步延伸原则，尽快开工建设中西线联合调水工程。

我国农业已到了加快实现适度规模经营的关键时期

蒋和平

当前，我国正处于改造传统农业、深入推进农业现代化的关键时期，农业适度规模经营有助于转变传统农业发展方式，对推进我国现代农业发展具有重要的现实意义和理论指导意义。

一、农业规模经营对我国农业现代化具有重要战略意义

1. 适度规模经营是走中国特色现代农业发展道路的必由之路。现代农业是规模化、集约化、标准化和品牌化农业，农业产品是农业投入要素、产品质量、商品信誉和农业文化等要素的结合体。发展现代农业，必须优化生产要素组合，保证农产品质量安全，依靠一家一户的经营无法实现，必须走适度规模经营的道路。

2. 适度规模经营是实现农业增效、农民增收有效途径。当前，我国农业正进入一个成本快速上升的时期。发展适度规模经营有助于生产要素集聚，有利于从物质层面到制度层面对生产力和生产关系进行有效配置，进而大幅提升土地产出率、劳动生产率和资源利用率，推动传统农业的转型和农民增收。

3. 国际经验表明适度规模经营是在工业化、信息化、城镇化进程中同步推进农业现代化的重要举措。与我国有着相近资源禀赋和农地经营规模的日本等国家的经验表明，工业化、信息化、城镇化都必须有以家庭适度规模经营为标志的农业现代化做支撑。我国

农业如果不适时发展规模经营，很可能使农业成为我国“四化同步”发展的短板。

二、农业适度规模经营的内涵

1. 适度规模经营不仅局限于土地的集中经营。从我国农业发展的实践看，农业的规模经营往往被认为是土地的集中规模经营，这种认识是不全面的。这种认识实际上只看到了农业生产的土地规模化，而没有从更为广阔的视角来认识产前、产中和产后规模化也称作规模化经营。事实上，在一些农业现代化程度较高的国家，农业生产资料的规模供给、农业生产技术的统一服务、农产品的统一销售等都是典型的农业规模化经营。

2. 适度规模经营要注重“度”的把握。有规模不等于有效益，规模经营并不一定产生规模经济。如果缺乏必要的自然、经济、社会和技术基础，一味地追求规模很有可能使农业生产的成本超过收益。适度规模经营不是粗放式经营而是集约化、高效化的经营方式，面积、规模和数量不是衡量规模经营是否适度的主要指标，衡量规模经营“适度”的关键指标是劳动生产率、土地产出率和成本收益率等经济效益指标。

3. 适度规模经营是一个动态的概念。农业经营规模是由各种相关条件共同决定的。不同国家和地区，甚至同一国家和地区在不同发展阶段，其农业经营的适度规模都不相同。因此，在我国农业发展的过程中预设一个各地均适合的“适度规模”是不切实际的，应该根据不同地区的实际情况、不同的历史时期以及经营主体的主观条件，对“适度规模”的指标和标准进行科学动态的界定。

4. 适度规模经营具有多种实现形式。农业适度规模经营的实现形式多种多样，不同地区、不同时期、不同产业、不同条件下的实现形式都各不相同，在深入推进农业适度规模经营时，如何从众多规模化实现形式中找到一条切实可行符合自身实际情况的实现路径尤为关键。通过各地调研，我们概括总结出了几种典型的农业适度规模经营实现方式：第一种是龙头企业带动型，这种模式适用于种植业和养殖业，适合在农业产业化发展较好的地区推广。第二种是政府推动型，这种模式适合在经济发达地区采用。第三种是种养大户或农场经营型，适合于在那些农户分散经营、比较效益低，且通过规模化和现代农业技术、设施使用能大大拓展经营效益空间的地区。第四种是农业社会化服务组织带动型。第五种是龙头企业与农户合作型，适宜于在那些有较高抗风险能力的企业牵头、当地农户有较好的养殖传统和规模的地区推广。第六种形式是农民专业合作社带动型。但农业发展没有一成不变或万试万灵的模式，各地必须充分考虑自己的资源禀赋、产业基础、生产经营主体的能力素质、经济发展实际等因素来综合确定现代农业规模化发展的途径、模式和道路。

三、推进农业适度规模经营的政策建议

1. 积极稳妥地推进土地流转。坚持完善家庭承包经营制度，积极探索土地流转的多种实现形式。努力寻求对于流出土地农民的养老保险、进城就业、就医和子女就学等问题的解决办法。坚持依法、自愿、有偿的原则，只要不是从事非农产业开发，就应加大支持力度，鼓励土地流转。尽快建立土地流转的存档备案和纠纷协调机制，坚决维护农民合法权益，依法解决土地流转中的矛盾。

2. 加大金融服务力度。创新金融支农政策，制定和完善有助于农业适度规模经营发展的金融扶持政策。探索建立农业贷款担保基金，为种养大户和家庭农场贷款提供担保。进一步发挥国有大型金融机构对农业的金融支持作用，大力深化农村信用社改革，创新金融产品和服务，为规模经营提供强大资金支撑。

3. 完善农业社会化服务体系。积极发展各类为农业服务的新兴行业，加快完善社会化服务体系，尽快建立为规模化经营主体提

供农业产前、产中、产后服务的专业性机构。大力发展农业专业化服务，为农业生产提供良种、机播、灌溉、除草、收割、加工和销售等服务。加大对农业农村基础设施建设的投入，可以在原来的增长基数上每年增长2%～4%，有条件的地区甚至可以达到5%或更高的比例。

4. 加大对农业规模经营的政策支持力度。加大财政扶持力度，重点对种养大户、家庭农场、农业龙头企业、农业合作组织等新型经营主体进行奖补。加强农业基础设施建设，切实改善农业生产的基础条件。国家现代农业示范区要将适度规模经营作为试点的重要内容，将适度规模经营作为示范区考核的重要指标，充分发挥国家现代农业示范区在加快规模经营发展上的示范引导作用。

附录

附录 1　中国农业科学院农业经济与政策顾问团简介

为有效利用中国农业科学院"国家农业政策分析与决策支持系统重点开放实验室"政策分析平台，指导研究人员及博士后深入实际，调查研究我国农业和农村经济发展中的政策热点、重点和难点问题，为国家制定农业政策和解决"三农"问题提供科学的决策服务，充分发挥专家顾问的高层指导作用，中国农业科学院依托"国家农业政策分析与决策支持系统重点开放实验室"政策专家顾问组和博士后指导团，于 2005 年成立了"中国农业科学院农业经济与政策顾问团"（以下简称"顾问团"）。截至 2013 年 11 月，顾问团成员共有 15 名。顾问团秘书处办公室设在中国农业科学院农业经济与发展研究所，负责顾问团日常事务安排与管理。

一、主要职能

1. 研究确定开放实验室年度研究主题和研究思路，对立题进行指导和审查，确保研究主题切合实际需要。

2. 对研究成果进行评估和把关，确保研究成果具有战略性、前瞻性和可行性。

3. 为开放实验室基础性、公益性研究工作提供指导，确保研究计划的针对性和指向性。

4. 指导拓展研究成果的转化和运用渠道，确保服务宏观决策的作用充分发挥。

5. 组织编制内部材料《判断与思考》，供国家有关部门和中央领导决策参考。

6. 指导博士后研究人员。

（1）为拟招聘入站的博士后研究人员，提出、确定研究选题。

（2）指导博士后年度招聘面试工作，评议确定年度初选博士后研究人员名单。

（3）指导新招聘博士后研究人员进行前期研究开题，对已招聘博士后研究人员的课题框架和工作内容，进行理论和实践指导。

（4）指导博士后研究人员开展调查研究工作，以及研究成果转化为政策建议。

（5）为博士后研究人员开展课题研究工作提供其他必要的支持。

二、运行管理

1. 顾问团每年开展活动，由秘书处根据需要事前提出议题建议，经与相关人员充分沟通后报请顾问团负责人审定。

2. 顾问团成员兼任博士后导师。

3. 顾问团的活动经费及博士后研究基金主要由农经所自筹解决，并争取有关部门、单位、机构的支持与资助。

4. 秘书处负责《判断与思考》的具体事务以及顾问团活动的安排与组织管理。

三、研究成果

1. 面向我国农业与农村经济发展的重大理论和现实问题，开展农业农村经济与政策相关研究，既要体现国家农业政策的前瞻布局，又要代表国家农业与农村经济的发展方向，同时能够满足省、市地方农业农村经济发展的需要，为国家解决“三农”问题提供决策参考。

2. 研究成果归属于顾问团和中国农科院农经所共同所有。

附录2　中国农业科学院农业经济与政策顾问团成员

万宝瑞　国家食物与营养咨询委员会主任、顾问团团长

翟虎渠　中国农业科学院原院长、顾问团副团长

尹成杰　中国农业经济学会会长

卢良恕　中国农业科学院原院长、中国工程院院士

刘志澄　中国农业经济学会名誉会长、中国农业专家咨询团副团长

陈晓华　农业部副部长

黄守宏　国务院研究室副主任

马正其　国家工商行政管理总局党组成员、副局长

薛　亮　全国政协委员、中国农业科学院原党组书记

郭庚茂　河南省委书记

江泽林　陕西省委常委、常务副省长

杨庆才　吉林省原副省长

袁以星　上海郊区经济促进会会长

马晓河　国家发改委宏观经济研究院副院长

钱克明　全国政协常委、农业部总经济师

附录 3　中国农业科学院农业经济与政策顾问团秘书处

秘书处：

唐华俊　中国农业科学院党组副书记、副院长

副秘书长：

秦　富　中国农业科学院农业经济与发展研究所所长

汪飞杰　中国农业科学院办公室主任

王东阳　农业部食物与营养发展研究所副所长

办公室主任：

王济民　中国农业科学院农业经济与发展研究所副所长

孙东升　中国农业科学院财务局副局长

陈　辉　农业部办公厅正处级秘书